D0891370

DU MÊME AUTEUR :

Les Éditions de Mortagne :

Le voyage intérieur, 256 pages, 1979.
Les voies du possible, 156 pages, 1981.
L'homme qui commence, 312 pages, 1981.
Un torrent de silence, 368 pages, 1985.
L'homme inchangé, 160 pages, 1986.
Pensées pour les jours ordinaires, 160 pages, 1986.
La grande rencontre, 176 pages, 1986.
Une voie qui coule comme l'eau, 160 pages, 1986.
Messages pour le vrai monde, 160 pages, 1987.
Paroles pour le cœur, 160 pages, 1987.
Rentrer chez-soi, 160 pages, 1988.
La tendresse de Léonard, 160 pages, 1988.
Le chant de la vie, (à paraître)

Les productions Minos :

Réincarnation et karma, 240 pages.

(En collaboration avec
Jacques Languirand)

Une religion sans murs, 248 pages 1984.

Placide Gaboury

Les chemins
de l'amour

Collection « Mes Réponses »

 Editions de Mortagne

Couverture :
peinture de Placide Gaboury

Édition :
Les Éditions de Mortagne
250, boul. Industriel
Boucherville (Québec)
J4B 2X4

Diffusions :
Tél. : (514) 641-2387

Tous droits réservés :
Les Éditions de Mortagne
©Copyright Ottawa 1989

Dépôt légal
Bibliothèque nationale du Canada
Bibliothèque nationale du Québec
2e trimestre 1989

ISBN : 2 - 89074 - 319 - 5
1 2 3 4 5 - 89 - 93 92 91 90 89

IMPRIMÉ AU CANADA

Le mot amour

En plus d'être un sentiment, une émotion, une action — ce qu'il est tout d'abord — l'amour est un mot, un concept de l'esprit, une chose avec laquelle on peut jongler sans beaucoup de conséquences. Et c'est justement parce qu'il peut être séparé de la vie, de l'action d'aimer, que ce mot est si trompeur. Il est utilisé pour exprimer les sentiments les plus profonds, comme les gestes de la pornographie et de la prostitution. On peut appliquer le verbe aimer à son goût du chocolat ou de la drogue, à son attachement pour son chien ou son conjoint, en même temps qu'il signifie le plus grand respect pour la Vérité ou pour Dieu.

Cependant, il y a une assez nette différence entre l'attrait physique, l'union sexuelle, l'emballement adolescent, la flamme romantique, la tendresse, l'amitié et le dévouement. Et si l'on peut dire que l'amour ne devient authentique ou complet qu'à partir de l'amitié amoureuse — la tendresse —, il reste que l'amour est à prendre comme un élan indéchirable et qu'il n'y a pas de mal à recouvrir du même mot chacune de ses étapes, à condition de reconnaître la différence entre ce qui commence l'amour, ce qui le développe, ce qui le mûrit et ce qui l'accomplit.

Mais avant de parler d'amour, peut-être faudrait-il connaître ce qui le prépare et ce qui l'empêche. S'il y a des différences dans les états de l'amour, c'est parce que l'amour est un apprentissage, une croissance et qu'il ne surgit pas tout habillé. On ne naît pas en sachant aimer. Aimer n'est pas héréditaire, pas plus que la liberté ni la conscience d'être divin : il faut les acquérir, il faut en payer le prix, il faut en franchir les étapes.

Or, apprendre à aimer, c'est surtout perdre petit à petit et tout au long de nombreuses vies la peur qui empêche justement d'aimer. On pourrait même aussi bien parler de la peur à perdre, que de l'amour à acquérir. Et peut-être qu'à plusieurs points de vue cette formule serait plus utile. En effet, apprendre à aimer, c'est s'éduquer constamment à se faire confiance, à perdre ses méfiances, ses agressivités, ses défenses, qui sont le produit de la peur. On

8

ne commence vraiment à aimer que lorsqu'on a moins peur, qu'on n'a rien à défendre ni à attaquer. Comme on n'a plus besoin d'être vu comme parfait, on se permet de dire et de vivre librement sa propre vérité. Car on ne peut se sentir en sécurité en soi-même qu'en n'étant plus menacé par le choix ou l'opinion des autres.

Dans la mesure où nous expérimentons un peu plus le fond de notre être comme un espace sans peur et sans reproche, nous nous défendons moins devant les attaques extérieures. Du reste, ces assauts sont maintenus efficaces par nos défenses intérieures. Il serait inutile à ce moment de parler d'amour, comme on le fait pourtant si souvent et si facilement, puisque la naissance de l'amour est simultanée à la perte de la peur, c'est-à-dire de cette réaction d'attaque ou de défense, et que toutes les formes de l'amour suivent ce même mouvement de balançoire. L'amour est une même énergie qui traverse l'activité sexuelle, la passion et l'amitié, et ce qui purifie l'amour, ce qui lui donne son énergie propre, son vrai visage, c'est la perte progressive de la peur. L'amour passionnel, comme l'amour sexuel, sont gorgés de peur et ce n'est que lorsque la peur s'est dissipée que ces formes d'amour peuvent vraiment unir deux êtres en profondeur.

Aussi longtemps que l'on a peur, on fait du tort. À soi-même tout d'abord, et simultanément aux autres. C'est ici que s'applique éminemment le principe du Miroir : ce que je fais à moi, je le fais aux autres et réciproquement. Certes, en me culpabilisant, c'est moi-même que je condamne, et en attaquant l'autre, je le condamne. Mais je peux tout aussi bien renverser les termes et dire qu'en me culpabilisant, je perds la capacité d'aimer l'autre, puisque je m'empêche de m'aimer moi-même, et en attaquant l'autre, c'est toujours une facette de moi que je condamne.

Une même énergie circule entre l'intérieur et l'extérieur. Intérieur et extérieur sont toujours au même niveau, comme des vases communicants. On ne se défend **que** parce qu'on se sent attaqué. C'est pourquoi, pour entrer en union avec d'autres, le premier geste consiste à se pardonner soi-même, à s'accepter, à s'aimer, c'est-à-dire à ne plus craindre les forces négatives qui nous habitent. Le fait de craindre donne de la force à ce que l'on craint, comme le fait d'aimer donne de la force à ce que l'on aime. Dans les deux cas, c'est toujours nous qui faisons la différence : nous privilégions le négatif ou le positif, ce qui a peur ou ce qui aime. C'est toujours ce que l'on fait à soi-même qui est le barème. Ainsi, la mesure de tout amour est la présence ou l'absence de la peur que l'on a de soi-même.

Commençons donc modestement par ne pas nous nuire. C'est le sens du mot in-nocence : **in-nocere**, qui en latin (c'est le jésuite qui remonte) veut dire « ne pas nuire ». L'innocence c'est la non-nuisance. On est innocent quand il n'y a pas de peur. Car aussi longtemps qu'il y a de la peur, on nuira, on fera du tort, du mal. L'amour vrai c'est de l'innocence, c'est ne plus se défendre parce qu'on ne se sent plus attaqué, c'est la capacité de faire confiance à l'autre parce qu'on a déjà fait confiance à la bonté qui nous habite. C'est alors qu'on retrouve, qu'on révèle la bonté qui était cachée dans l'autre. Une même bonté nous habite, une même bonté nous unit. Enfin, on peut faire

11

remonter vers la mer l'eau qui dort au fond de chaque puits.

Il ne serait pas nécessaire que tous les humains s'aiment d'amour tendre pour que cette terre devienne un lieu de bonheur. Il suffirait que l'on cesse de faire du tort, qu'on cesse d'avoir peur les uns des autres. Que chacun commence par ne plus avoir peur de lui-même.

Question 1 : Est-ce que les trois formes d'amour peuvent se réaliser avec la même personne ? Se peut-il que l'on réalise les deux premières formes avec un partenaire, et la troisième avec un autre ?

Je dois tout d'abord situer pour le lecteur les trois formes d'amour dont j'ai parlé en conférence. Ces façons d'aimer représentent pour moi les diverses étapes que nous les humains traversons dans nos cheminements amoureux. Ces étapes peuvent être simultanées, mais il y a moyen de les distinguer pour mieux les comprendre. Ce sont la sexualité, l'émotion et la tendresse, autrement dit, l'amour physique, l'amour romantique et l'amour-tendresse. Ces chemins s'ouvrent finalement sur une autre façon d'aimer qui semble l'aboutissement de l'amour humain: — la compassion, l'amour inconditionnel.

J'ai souvent comparé les trois niveaux d'amour à un vaisseau spatial en trois sections, dont la première en s'éjectant fournit un puissant élan aux deux autres. À son tour, la seconde section s'éjecte, lançant la dernière sur son orbite spatiale. Ainsi, les deux premières portions — ce qu'on appelle en langage technique les fusées d'appoint — existent en fonction de la troisième, qui est la seule à entrer vraiment en orbite. Cependant, il faut préciser — c'est la limite d'une comparaison — que dans l'amour, le physique (premier tronçon) et la passion ou l'amour romantique (deuxième tronçon) ne sont pas en réalité séparés de l'amour-tendresse, même s'ils préparent et enrichissent celui-ci. Car dans la réalité quotidienne, les trois co-existent et se complètent. Ils sont même nécessaires l'un à l'autre. Vois-tu, je ne pense pas que l'on puisse atteindre la tendresse et encore moins l'amour qui est au-delà — l'amour inconditionnel — sans passer par le sexuel et le sentimental. On ne saute pas d'étape.

Et chaque étape pousse dans la même direction. C'est pour illustrer ce point que j'utilisais la parabole du poisson. Dès que le poisson voit un ver remuer ou gigoter, il a le goût de l'attraper pour s'en nourrir. Mais sans le savoir, en prenant le ver, c'est lui-même, le poisson, qui est pris. Et celui qui prend c'est le pêcheur.

14

Ainsi, l'amour sous toutes ses formes, est toujours une attraction du pêcheur universel (et je ne veux pas dire Jésus!) — du dieu infini, de l'Éternel en chacun de nous. Même l'amour physique. Pour moi, il n'y a pas de coupure dans l'être et chaque élément est fait pour nous mener vers l'épanouissement total.

Maintenant je peux répondre à ta question! Oui, les trois formes d'amour pourraient se réaliser avec la même personne. Cela supposerait, bien sûr, que les deux partenaires aient vécu ensemble plusieurs expériences dans leurs vies antérieures, pour franchir tous les obstacles qui les empêcheraient d'atteindre l'harmonie en eux-mêmes et entre eux. Mais habituellement, cela se déroule un peu comme tu le décris : on réalise l'une ou l'autre étapes avec l'une ou l'autre personne, puis on finit par pouvoir entrer dans une relation où la passion va céder le pas à la tendresse.

C'est justement parce que toutes ces étapes-là ne peuvent pas toujours être réussies avec la même personne, qu'on ne peut d'avance exiger qu'une relation amoureuse ou une aventure de couple durent toute la vie. **On n'est pas sur**

15

cette terre pour réussir tout d'abord un couple, mais pour progresser, apprendre et croître. Pour apprendre à aimer, pour explorer, s'ouvrir, s'universaliser. C'est pourquoi plusieurs partenaires ne peuvent engager toute leur vie dans un seul contrat de mariage ou une seule promesse de fidélité.

Ils vont apprendre une leçon avec une personne, puis continuer avec une autre, pour reprendre plus loin les apprentissages demeurés incomplets. Je crois même que la notion du mariage comme aboutissement fatal de toute relation entre homme et femme, ne constitue pas une norme universelle. (C'est un peu comme le complexe d'Oedipe que l'on a longtemps cru universel chez les humains et qu'on sait aujourd'hui n'être qu'un trait occidental, puisqu'il n'existe pas chez les habitants des îles du Pacifique, si l'on croit les recherches d'anthropologues éminents tels que Margaret Mead.)

Il ne faudrait pas trop se hâter de conclure que tel comportement est tributaire de la nature humaine plutôt que d'une longue coutume. La nature humaine est quelque chose de beaucoup plus souple et d'ouvert qu'on ne croyait ou qu'on ne croit encore aujourd'hui.

Question : 2 : L'expérience sexuelle est-elle une étape nécessaire pour arriver à l'amour-tendresse sans possessivité ? Doit-on alors assumer que mère Teresa a eu un vécu sexuel ?

La sexualité est un des appels à l'union que nous expérimentons tous, puisqu'il y a en nous des résidus instinctifs qui remontent au temps où, avant de devenir humains, nous étions des animaux. Nous confessons un manque continuel, nous aspirons à être entiers par cet appel incessant vers l'extérieur, par **cette tendance à devenir un ou à créer des liens avec tout** — ce qui pourrait être une façon de définir l'amour. Nous avons constamment besoin d'être en échange avec notre milieu, avec la terre, l'eau, l'air, le soleil. Nos poumons ont besoin d'air pour respirer, notre estomac demande de la nourriture, notre sang de l'oxygène, notre cerveau doit être activé par les idées venues de l'extérieur, et notre peau surtout a besoin d'être touchée, caressée, embrassée. Sans tout cela, nous sommes comme des appareils débranchés.

On a même découvert que des enfants qui n'étaient pas touchés étaient mentalement retardés. Il faudrait toucher les enfants, les masser, frictionner leur corps entier, y incluant tout naturellement les organes sexuels. Car on a étalement découvert que lorsque ceux-ci ne sont pas touchés, à leur tour les organes internes sont retardés dans leur évolution et leur bon fonctionnement, que la santé exige la caresse des organes sexuels **comme de tout le reste du corps.** Bien sûr que si l'on masse tout le corps et qu'on néglige ostensiblement les organes sexuels, l'enfant va y percevoir un jugement sur son sexe qu'il va mettre à part, ostraciser, condamner secrètement. Et, bien sûr aussi que si le parent est incapable de toucher tout le corps de son enfant, il sera préférable de ne lui faire aucun massage. Il faudra que le parent apprenne à toucher et à masser partout son propre corps sans honte ni culpabilité, avant qu'il puisse utilement masser son enfant.

Plusieurs parents, en entendant cela, craignent de développer des rapports incestueux avec l'enfant. Mais je suis convaincu que ces rapports ne se développeront que si justement le parent n'est pas à l'aise avec son propre sexe et donc pas davantage avec celui de l'enfant, ce qui le fera éviter de toucher l'un et l'autre, faussant ainsi la place du sexe dans la vie de l'enfant comme dans la sienne. Le principe de fond est toujours le même : ce que l'on fait à l'autre, c'est ce que l'on fait à soi ; ce que l'on fait à soi, c'est ce que l'on fait à l'autre. Principe qui peut aussi s'exprimer de la façon suivante : ce qui est en moi, je le projette sur l'autre. C'est le principe du Miroir.

On atteint habituellement l'amour non possessif en ayant connu l'amour possessif, tout comme traverser l'égoïsme permet de le dépasser. Ce qui nous apparaît comme un désastre sert de chemin pour atteindre ce qui est meilleur. La leçon qui se cache derrière les laideurs et les échecs peut nous transformer. Rien n'est perdu. Rien n'arrive par hasard.

Cependant, certaines vieilles âmes pourront avoir connu antérieurement les étapes préliminaires de l'amour et à cause de cela, elles ne sentiront pas le besoin de les revivre. Elles pourront plus rapidement déboucher sur la tendresse et même sur l'amour universel. Tel est le cas de nombreuses personnes qui se dévouent auprès des malades, des mourants et des démunis. Ces personnes étant plus sensibles, ressentent davantage la peine des autres. Et ce sont leurs propres peines passées qui les ont ainsi sensibilisées. L'amour supérieur, c'est en fait une sensibilité plus grande, une tendresse plus universelle, une intelligence plus compréhensive.

Question 3 : Pourquoi tant de blocages sexuels? Comment s'en sortir? Comment se laisser aller à aimer, à se laisser aimer?

L'énergie sexuelle, tout comme l'émotion ou la pensée, a besoin de s'exprimer, de s'exercer, d'être communiquée. On devra regarder bien en face les frustrations sur ce plan, afin de les assumer. Durant l'enfance ou l'adolescence (ou dans une autre vie), les traumatismes ont fixé les habitudes de peur, paralysant ainsi la capacité d'aimer. Il faut donc les dénicher et soigneusement les entourer de tendresse, de pardon, de compréhension. Plusieurs thérapies se prêtent à ce décapage : le rebirthing (avec une personne compétente), la catharsis, la psychothérapie (avec des personnes ouvertes sur le spirituel), le massage en profondeur comme le rolfing ou le trager. Mais ces thérapies ne seront efficaces que si le sujet n'est pas sérieusement déséquilibré émotivement. Peut-être faudra-t-il commencer par agir sur les corps énergétiques, sur le champ astral émotif, comme le fait par exemple Simone Wilker à Montréal. Par les traitements de ces couches subtiles et

22

au moyen de l'homéopathie, de l'auriculo-médecine ainsi que des essences de fleurs, elle parvient à stabiliser les émotions, à stimuler un organe paresseux, à rétablir l'activité d'un chakra.

Pendant et après les traitements, le sujet doit apprendre à s'assumer lui-même, à se pardonner, à s'aimer tel qu'il est, à habiter toutes les parties jadis refusées. C'est un travail où il ne peut être remplacé et les techniques ne sont utiles que si elles le poussent et l'aident à l'entreprendre.

Se laisser aller à aimer ne vient qu'après avoir reconnu, accepté et enlevé les obstacles ou les habitudes qui nous ont empêchés de nous laisser aller, et qui nous ont maintenus dans la raideur, la constipation affective, avec « un dix sous bien serré entre les deux fesses ». Ce qui te retient, c'est la peur, toujours la peur.

Et de qui as-tu peur? De toi — des parties en toi que tu refuses, que tu ne veux pas regarder parce qu'elles sont trop pénibles, des agressivités terribles et des rages haineuses qui grondent sournoisement. Tu as peur de refaire

23

le même voyage, de succomber aux mêmes pièges. Tu as tellement donné de place à ces choses, que le meilleur de toi, le plus beau et le plus vrai, s'est éclipsé. Regarde maintenant ce qui est bon et beau en toi. Désormais tu n'as qu'à laisser passer les nuages qui bloquent le soleil, pour reconnaître enfin que le soleil c'est ton vrai visage, l'œil de ton cœur, la couleur de ton âme. C'est à toi de jeter de la lumière sur tout ce qui est en toi. C'est toi qui décides.

Tu n'as pas besoin de vivre dans ton passé. Ce passé n'existe que dans la mesure où tu veux encore le porter, mais dès que tu le largueras, il se détachera et disparaîtra. Dès que tu aimes ton être, ta vie, ton passé donc, tu récupères tout, et tout rentre dans le présent, tout devient actuel et positif. Tout travaille alors en ta faveur. Tu as donc le pouvoir de changer tout signe négatif en positif. C'est cela s'aimer.

Question 4: Est-ce que le sexe et le spirituel vont ensemble?

Si le Divin nous a créés avec les deux, pourquoi n'iraient-ils pas ensemble? Il n'y a pas de contradictions dans l'œuvre divine. Mais pour mieux comprendre, prenons le sexe de plus loin. Le plaisir sexuel est, comme je le suggérais par l'image du vaisseau spatial, un appel à autre chose, une rampe de lancement. Pourquoi? Parce qu'il ne satisfait pas toute la personne et qu'il ne satisfait que momentanément. On ne peut faire l'acte sexuel pendant des heures et des heures sans atteindre une satiété (qui vient du latin **satis**: assez!). Tout comme on ne peut manger indéfiniment sans être écœuré ou malade. Le corps est un instrument limité, aux lois très strictes. On ne peut enfreindre ses exigences sans en payer le prix sous forme de maladie. (Cependant, ce n'est pas parce que le plaisir a ses limites qu'il est mauvais. Attention!)

Donc, le corps en plus d'avoir des limites, s'ouvre sur autre chose. En effet, après de longs et intenses ébats sexuels, que fait-on? On sort les vidanges, on entreprend une conversation, on écoute de la musique. D'autres fonctions prennent la relève. Il y a autre chose que le corps, il y a aussi les émotions, la pensée, le cœur. Et c'est tout cela que le corps appelle.

Prenons le film « Dernier tango à Paris ». Voilà un exemple de sexe brut, excluant toute émotion, même toute conversation. Et ça finit mal (un film, bien sûr, mais qui suit la logique de la vie). Le corps n'est pas tout pour nous. Et à mesure qu'on y réfléchit on s'aperçoit qu'il n'est pas nous, mais notre instrument. Il y a de plus le corps émotif et le corps mental, dont justement le physique est l'instrument. Puis il y a le cœur, dont tout cela est l'instrument, le cœur qui est le centre de paix et de confiance en nous.

Arnaud Desjardins disait que « l'argent ne fait pas le bonheur, mais que seuls les riches le savent ». On pourrait dire également que si le sexe ne fait pas le bonheur, seuls le savent ceux qui ont une vie sexuelle. Car il faut, comme pour les autres désirs — l'argent, le pouvoir, le succès — aller jusqu'au bout afin d'apprendre qu'ils ne rassasient pas, qu'ils ne donnent pas ce que l'on cherchait.

On voit déjà dans quelle direction nous mène l'amour: vers un échange, vers une union profonde et complète, que le corps seul ne peut donner. C'est pourquoi il déçoit. Il est comme un briquet qui tente à chaque fois d'allumer la cigarette et qui doit se reprendre sans arrêt, parce que le fumeur ne tire pas l'air comme il le devrait! Ainsi, la personne qui ne se sert pas du feu sexuel pour allumer l'émotion et la tendresse, fait perdre le sens de l'allumage.

Dans l'acte sexuel, les corps ne sont pas vraiment unis. Ils se touchent, bien sûr, ils se pressent, ont l'illusion d'être fusionnés surtout au moment de la pénétration. Mais ce sont nos corps qui pourtant nous séparent, comme c'est par l'esprit que nous sommes unis. (Le malheur c'est qu'on ne regarde que cette apparence corporelle pour vivre ensuite comme si tous les humains étaient en fait séparés.)

Les deux peaux qui se pressent dans l'acte sexuel restent toujours l'une en dehors de l'autre, comme deux murs contigus. Mais elles appellent, elles demandent et, en quelque sorte, elles exigent une union. Une union physique a lieu, bien sûr, par la rencontre de l'œuf et du sperme, mais cela n'appelle pas une union des cœurs ou des esprits qui est le vrai terrain de l'amour humain. En somme, **on peut créer de la vie sans s'aimer en profondeur ou de tout son être:** il suffit d'un massage mutuel efficace.

On pourrait même se passer de cette friction à deux, puisque les bébés-éprouvettes indiquent clairement qu'une vie nouvelle peut surgir sans la rencontre des corps. C'est dire que non seulement on peut créer la vie sans amour profond, mais qu'on peut même le faire sans amour physique! Mais pour que l'enfant de laboratoire connaisse l'amour, il faudra que l'émotion, la tendresse et le cœur retrouvent leur vraie place.

En effet, on ne crée pas de la vie vraiment humaine sans ces trois derniers. On peut certes créer de la vie animale, et c'est ce que font l'insémination artificielle aussi bien que la séance de sexe.

Pour aller plus loin, il faut justement l'amour émotif. C'est là que la véritable union se crée entre deux êtres, même lorsqu'ils sont à distance. Car le corps émotif est un corps d'énergie qui se répand loin dans l'espace, il est extensible, alors que le corps physique est limité à un lieu restreint et ne dure que sept ans. En effet, tous les sept ans, le corps se changera du tout au tout, de la première à la dernière cellule. Le corps physique est donc local et instable (comme un essaim d'abeilles disent les savants) et c'est pourquoi on ne peut miser sur lui. Du reste, le décès est l'indice concluant que le corps physique ne peut durer, alors que les autres corps subtils lui survivent, puisqu'ils l'ont précédé et formé.

De son côté, le corps émotif est plus étendu et plus durable. Aussi, une émotion peut-elle durer plus que sept ans, qui est la durée du corps de chair. Et comme je le disais, les amoureux peuvent être séparés par des milliers de kilomètres et cependant, l'émotion les gardera unis. De plus, il y a le corps mental, qui peut même s'étendre encore davantage que l'émotion — comme dans l'idée de la paix mondiale qui rassemble des gens de partout sur la terre. Une idée peut galvaniser toute une vie et même au-delà, comme dans le cas d'Einstein, qui toute sa vie a poursuivi la formule clé de l'univers et qui continue sûrement d'y travailler dans l'au-delà.

L'union est donc semée par les pulsions sexuelles, pour éclore à travers l'émotion et la pensée, et s'épanouir enfin par la tendresse du cœur. En effet, ce qui unit les êtres en profondeur, ce n'est pas encore l'amour émotif, qui est un terrain de drames, de passions et de déchirements. (Le mot passion vient du verbe **pati** en latin, qui veut dire souffrir.) En effet, l'amour-passion est souvent un temps de souffrances autant que d'enthousiasme. C'est qu'il pointe lui aussi vers autre chose. Nous ne sommes pas comblés par cet amour. Une partie en nous, bien sûr, y trouve son compte, le côté infantile et adolescent, qui se fabrique des plaisirs fantaisistes, projetant sur le partenaire des attentes, pour ensuite lui reprocher de les avoir déçues. L'amour passionné est possessif parce qu'il est grevé de peurs et de menaces. Et parce qu'il peut ainsi être blessé, il blesse. Il n'y

32

a pas ici de non-nuisance, mais au contraire de la peine causée par des attaques et des défenses.

Cet amour qui fait souffrir n'est pas encore libéré de la peur qui le rend possessif. Et c'est justement ce qui en lui fait souffrir — non pas l'amour mais l'esprit de possession.

Mais à force de vivre ce genre d'expériences, on peut en apprendre la leçon (rappelle-toi la leçon de l'argent). On finit par savoir dans ses tripes que ce qui rend heureux ne viendra pas de quelqu'un d'autre, si parfait soit-il. Et qu'est-ce qu'on cherche en amour? Une relation d'échange, d'entente, de projets communs, une aventure simultanée, un double enthousiasme dans l'autonomie et la croissance. En somme, on attend de l'autre ce que l'on n'est pas prêt à donner soi-même: un amour sans condition. Certes, on ne demande pas mieux que d'être ainsi aimé, mais pratiquer cela à son tour c'est une tout autre paire de manches. Car pour apprendre le don, il faut pouvoir lâcher prise! Ce n'est qu'alors qu'on est mûr pour l'amour-tendresse — l'amour vidé de sa possessivité, de sa peur de perdre l'objet aimé.

L'amour-tendresse s'ouvre spontanément sur la compassion vis-à-vis des souffrants. On commence à voir les autres, non plus à partir de nos attentes — ce qui était le cas, tu t'en souviens, de l'amour-passion — mais à partir d'eux-mêmes, de leurs propres peines et attentes. C'est l'amour de compassion, l'amour sans condition, appelé aussi l'amour spirituel.

Si j'ai fait ce grand détour, c'est que l'importance du sujet l'exigeait, et aussi parce qu'on ne peut bien situer le sexuel vis-à-vis du spirituel qu'en passant par l'amour-passion. Si bien que, une fois parvenu à l'amour de compassion, on verra autrement le sexe et la passion. Il est même probable qu'il y aura alors un besoin moins lancinant de sexe, mais aussi, que les expériences sexuelles seront plus riches, parce que moins angoissées, mois grevées de peur et d'agressivité. De même, l'amour-passion sera sans doute dépassé, mais l'émotion que l'on éprouve pour les êtres chers sera plus intense en même temps que plus doux.

Lorsque le cœur s'ouvre et qu'il répand sa tendresse, toutes les parties en nous en sont enrichies, elles perdent leur négativité et leur angoisse. Ainsi, le sexe et l'émotion sont plus gratifiants et généreux, les complexes et les culpabilités ont fait place à la joie de l'**innocence.**

Pour répondre complètement à ta question, je dois ajouter que ce n'est pas le sexe qui éloigne de Dieu. C'est l'ego, cette prétention d'être le maître, de contrôler et d'imposer sa volonté aux autres ainsi qu'à la vie, qui crée l'obstacle à l'amour en nous. L'ego se nourrit de peur, il s'identifie au corps, à ce qu'il y a de moins stable en nous, et à cause de cette identification, il se voit séparé de tout, surtout de sa source cachée au cœur de l'être. Il est l'insécurité en nous, l'incrédulité, le doute.

L'ego est lié aux prétentions du pouvoir. C'est pourquoi les corporations telles que l'Église ne mentionnent jamais dans la liste des péchés leurs abus de pouvoir, préférant fustiger les abus sexuels de leurs ouailles, qu'elles peuvent ainsi manipuler à leur guise.

Ce sont du reste les Églises qui ont fabriqué la peur du sexe et instauré la culpabilité sexuelle comme un de leurs traits dominants. En maintenant ainsi la peur, elles contrecarrent l'action divine et retardent le temps de la paix et de la confiance mutuelle sur terre.

On ne va pas à Dieu par la frustration. Ceux qui ont refusé leur sexe imposent souvent ce refus aux autres, ou, ce qui est la même chose, ils punissent inconsciemment les « gens du monde » en les rendant coupables et en leur rappelant qu'ils ne sont pas « choisis » puisqu'ils ne sont pas « chastes » comme le clergé.

Mais le divin ne s'est pas trompé en nous dotant d'un pénis et d'un vagin. Il ne s'est pas trompé non plus en nous rendant sensuels et attirés par le plaisir. Le divin est la joie, la fête, le plaisir d'être, la jouissance de vivre et de communiquer sa joie par les touchers et les embrassements, le partage, l'entraide et la fête. Le divin est très tactile, sensible, il irrigue tous nos pores et nos centres érogènes, il navigue dans nos vaisseaux sanguins et coule avec nos hormones. Il prend plaisir à être humain. Il prend plaisir à vivre dans une peau et à vibrer d'émotion, à être chacun de nous de la tête aux pieds. Si certains n'y prennent pas plaisir, c'est qu'ils en ont peur. Peur d'eux-mêmes, peur de leur sexe, de leur capacité d'aimer, peur, en somme, de Dieu.

On disait autrefois dans le catéchisme de notre enfance : Dieu est partout. Mais on l'excluait en pratique de toutes les régions érotiques et érogènes (aussi bien que des toilettes!). On l'excluait du plaisir. On faisait de Dieu une vierge cloîtrée, un être castré. (C'est saint Augustin qui disait que le péché prenait racine dans le sperme du mâle!) On n'a pas encore accepté que Dieu s'incarne en tant que chacun de nous, que l'Incarnation tant célébrée soit en fait l'aventure de chacun (et non seulement de Jésus), c'est chacun de nous qui est l'incarnation de Dieu, c'est l'humanité faisant un seul corps qui est cette incarnation divine, ce fils de Dieu.

On pense encore que le sexe que Dieu a fait est une erreur, une chose sale, et que Dieu doit détourner le regard quand on fait l'acte sexuel ou qu'on se masturbe. Tout ce qu'on raconte dans les livres de théologie sur l'Incarnation de Dieu (réduite au seul corps de Jésus) est une injure à la magnanimité et à l'intelligence de

Dieu. Il y apparaît comme un puritain, un janséniste, un peureux, puisqu'il est la projection des théologiens de l'époque. Et pourtant, ces théologiens prennent grand plaisir à leurs festins gastronomiques qui sont des plaisirs analogues à ceux du lit! Pour connaître Dieu, ce n'est pas la théologie qu'il faut lire, mais il s'agit pour nous d'entendre notre corps, nos émotions et notre cœur. Car les théologiens ne nous révèlent pas Dieu, ils exposent plutôt leurs propres complexes et culpabilités.

On écrit partout que Dieu est amour. Mais jamais on n'ose croire que Dieu est aussi l'amour sexuel. Or moi je vous dis que Dieu c'est **toutes les formes de l'amour**. Jésus ne dit-il pas que les prostituées vont précéder dans le royaume tous les bourgeois « sanctimonieux ». Justement, l'amour le plus élevé passe par l'amour le plus physique, car l'amour divin de compassion ne vient que de l'expérience vécue de notre humanité à tous ses niveaux et dans tous ses replis. Rien n'est à exclure, tout est à comprendre. Le Divin, c'est ce qui en nous comprend tout parce que justement il n'exclut rien.

38

Question 5 : Que faire avec nos pulsions sexuelles lorsqu'on n'a personne avec qui les satisfaire? Dans le même sens, lorsqu'on manque tout simplement d'affection, de tendresse ou d'une simple caresse, que faire?

Je rappelais plus haut la citation d'Arnaud Desjardins à l'effet que « l'argent ne fait pas le bonheur, mais seuls les riches le savent ». Cette parole très sage s'applique à tous les désirs insatisfaits. Dieu est la réponse à tous les désirs et il les a semés en chacun de nous pour nous ramener vers lui, c'est-à-dire vers notre cœur, notre centre — chez nous. Pour les satisfaire finalement.

Les désirs sont une des voies de la vie spirituelle. Mais à la condition d'en tirer les leçons. Le désir du plaisir sexuel, de la nourriture, de la richesse, du pouvoir, du succès, de l'affection ou de la tendresse sont tous des appâts que le Pêcheur éternel fait miroiter devant nous. Nous ne pouvons nier la présence du désir, même si nous pouvons en retarder ou en refuser la satisfaction. Le désir est semé en nous comme un germe lancinant.

Mais quelle est cette leçon qu'enseignent les désirs? Que leur satisfaction ne peut nous procurer le bonheur. (Le bonheur n'est pas dans le ver qu'on désire mais dans le Pêcheur **en nous** qui sème l'appât.) Mais tout d'abord, il s'agit de chercher dans la mesure du possible à satisfaire le désir, en acceptant bien sûr les conséquences de cette aventure. Et comme nous ne sommes pas des animaux, le simple fait d'obtenir un butin ne nous rassasiera pas — les appels en nous sont infiniment ouverts, alors que l'animal est encadré par ses instincts. Nous sommes des êtres d'esprit et de lumière faits pour connaître et aimer, d'une connaissance qui est à la fois compréhension et union, comme une manducation de la chose connue — je deviens elle, elle devient moi.

Chaque acte est un pas vers la connaissance, la possession seule du butin ne saurait suffire, il faut que **tout l'être** soit satisfait et c'est là que la connaissance a lieu. La connaissance, c'est tout l'être qui récolte ce qu'il cherchait au moyen du corps, des instincts, des appétits, des émotions. Et de cette gerbe d'expériences, il cueille le fruit de la connaissance, il tire une leçon, comme par exemple, « le sexe ne fait pas le bonheur » — pas plus d'ailleurs que le succès, le pouvoir ou la nourriture. Il y a toujours un plus, un lendemain, un « rallumage » qui repousse plus loin la satisfaction comme un point de fuite à l'horizon.

Maintenant tu pourras mieux comprendre le sens des désirs qui t'habitent. Tu dois tâcher de satisfaire tes désirs, de relâcher tes tensions sexuelles qui appellent une détente (et qui souvent ne sont que cela). Tu dois te sentir bien avec toi-même. Il te faudra donc très simplement masser ton corps pour atteindre la détente tout comme tu t'es déjà fait plaisir en apaisant une démangeaison.

Il faut commencer par t'enlever la culpabilité dont tu as rempli tes actes sexuels. Il n'y a là ni bien ni mal, mais des énergies physiques qui se manifestent et qui font pression. Il te faut regarder cela comme on regarde le simple fait de manger ou d'aller aux toilettes, moments où l'on « satisfait des besoins naturels ». La religion chrétienne a mêlé la morale à tout, surtout au sexe, qui était pour elle un moyen exemplaire de pratiquer son contrôle des consciences par des piqûres de culpabilité.

Comme il est rafraîchissant de considérer des traditions comme le Shintoïsme, le Bouddhisme, le Taoïsme, l'Hindouisme ou encore celle des Amérindiens qui n'ont jamais vu l'homme comme un pécheur ni la femme comme une source de tentation, qui n'ont jamais reconnu le péché originel et pour qui la nature et le naturel sont irréductiblement bons ! Ces traditions, mieux que la tradition judéo-chrétienne, prennent au mot la parole du Créateur devant son œuvre : « Tout est bon. »

Il s'agit pour chacun de nous qui avons hérité de la culpabilité, de la désamorcer afin de réapprendre à voir la vie, notre corps et le monde dans l'innocence et la spontanéité. Tout ce que tu feras de ton corps doit se faire **sans culpabilité** — c'est la première chose à assurer. Une simple pensée, un simple regard, appelés traditionnellement « mauvaise action » peuvent suffire à installer en toi la culpabilité. Et ce mal, on ne le dira jamais assez, c'est l'obstacle premier à toute action divine en nous. C'est elle qui ferme tout, qui bloque toute capacité d'aimer. Et comme tout ce qui est négatif, elle est un produit de la peur.

Il faut bien se convaincre qu'on ne fait du mal que parce qu'il y a peur, que la peur est le doigt dans l'engrenage du mal. Avoir peur de « faire un péché » c'est déjà le mal qui s'infiltre. Tout ce qui suit est alors chargé de cette culpabilité.

N'écoute donc pas la culpabilité ou les jugements par lesquels tu te condamnes toi-même. Écoute plutôt ton cœur, ton intuition, ton sentiment. Ne fais pas d'analyse. Vois la bonté en toi, la joie, les réussites, les qualités. Et suis ton intuition. Ressens ton corps et réponds à ses appels.

Pour ce qui regarde ta deuxième question, je dirai que le fait que tu n'as personne dans ta vie qui te donne tendresse ou caresse est peut-être dû à toi. Tu es peut-être portée à avoir peur de ton corps, à refuser de te donner ces massages dont j'ai parlé au début des questions, tu n'habites pas ton corps parce que tu ne l'aimes pas. Et à cause de cela, tu t'arranges pour que ceux qui auraient le goût de te caresser, se sentent repoussés. Ensuite, tu te plains naturellement de ce qu'on ne te caresse pas! Remarque encore une fois le principe du Miroir qui joue ici : ce que tu fais à toi, tu le fais aux autres ; ce que tu vois ou refuses en toi, tu le vois ou refuses chez l'autre. Ou encore : ce que tu refuses en toi, tu t'arranges pour que l'autre te le refuse.

N'attends pas les caresses et les tendresses : commence par te donner toi-même de la tendresse, et spontanément tu seras amenée à faire la même chose aux autres. Tu recevras ce que tu as donné. L'échange sera engagé. Et ton cœur te dira le reste.

Question 6 : J'aimerais recevoir plus d'attention de l'autre, j'ai besoin qu'on me dise qu'on m'aime. J'aimerais avoir la joie de vivre sans cet amour impossible, l'amour-passion.

Ce que tu attends de l'autre va te rendre possessive. Pourquoi? Parce que tu ne vois ses gestes qu'en fonction de ce que tu peux en retirer. Tu le vois comme un investissement, comme ton objet, en fonction de toi. Certes, tout le monde veut être aimé. Mais tous ne veulent pas prendre les moyens pour y arriver. Ils ne veulent pas commencer par s'aimer eux-mêmes et deuxièmement, ils ne veulent pas donner à l'autre sans être assurés d'en recevoir l'équivalent. En d'autres mots, ils vivent un marchandage. Ce n'est pas un amour qui libère, c'est de l'amour-passion. En somme, tu t'arranges pour rester dans cet amour et en même temps tu voudrais en sortir. Mais il faudra plus que ce simple « voudrais ». Il te faudra un « je veux » sincère et responsable, en commençant par l'amour de toi-même. Plusieurs ont peur de s'aimer parce qu'ils ont appris de la religion chrétienne que c'était mal et qu'il fallait n'aimer que les autres.

Combien de gens que nous avons connus se sacrifiaient pour les autres, trouvant leur sacrifice pénible mais croyant que le vrai amour l'exigeait ainsi. Or, ce qu'on fait avec peine, on le fait à reculons, malgré soi, sans goût, sans amour — on « se marche sur le cœur » comme on dit souvent! Le critère du vrai amour des autres, c'est l'amour que l'on se donne à soi-même, le plaisir qu'on a à s'aimer. Il n'y en a pas d'autre. Et l'amour rend joyeux, libre et spontané. On ne peut s'aimer à reculons.

Quand tu dis que tu aimerais « recevoir plus d'attention de l'autre », c'est que tu ne t'aimes pas suffisamment, tu quêtes chez l'autre ce que tu ne te donnes pas à toi-même. Tu vis encore comme l'enfant mal-aimée ou l'adolescente en quête de parents. La tendresse dont tes parents t'ont comblée au début reste inscrite comme une matrice profonde que tu auras tendance — comme dans une matrice d'imprimerie — à reproduire indéfiniment. C'est-à-dire que tu vas chercher partout ce que tu avais connu avec tes parents. Tu auras tendance à répéter le passé, tu y resteras prise.

Tu vas **attendre** de l'autre (ton partenaire) ce dont tes parents t'ont entourée. Or, si les parents t'ont comblée de tendresse et de sécurité, c'est pour que tu en apprennes le processus et te l'appliques à toi-même (un peu comme enseigner à pêcher à quelqu'un pour ne plus avoir à lui fournir du poisson). En te comblant, tes parents ont déclenché en toi la capacité de t'aimer, ce qui te pousserait naturellement à aller vers les autres. Ils t'ont fait sentir ton amabilité pour que tu ailles ensuite reconnaître celle d'autrui. Mais aussi longtemps que tu attends qu'on t'aime, tu redeviens ce bébé, cette adolescente. Tu recules ou restes sur place. Il te faut prendre en main ta vie en apprenant à t'aimer et à aimer les autres. Il faut que tu deviennes pour toi ces parents qui t'ont comblée d'amour.

Tu dis «j'ai besoin qu'on me dise qu'on m'aime». Je comprends cela. Mais il faudra que tu apprennes que c'est encore une attitude infantile et adolescente. On vit dans la fantaisie, l'imagination, la dramatisation de l'amour. On pense qu'on nous aime davantage (ou surtout ou seulement) quand on nous le dit. Mais l'amour est dans les attitudes et les gestes, il est quelque chose au cœur qui descend plus loin que la parole et qui, à bien des points de vue, ne s'exprime pas par des mots. Les mots souvent le vulgarisent, le volatilisent.

La parole en amour fait partie du « second étage » que l'on fabrique autour de son idole.

C'est l'amour romantique qui habille la personne aimée, qui affabule l'aventure, qui l'exagère, l'embellit et la gonfle d'expectatives. À ce moment-là, on ne tient vraiment pas compte de l'autre : on projette sur lui ce qu'on en attend. On fait cela surtout, remarque bien, durant son absence, où la dramatisation émotive peut même aller jusqu'à nous donner une douleur au cœur ou au ventre. Mais dès qu'on revoit l'objet du rêve, cette douleur s'apaise un peu. Que se passe-t-il? Le fait de le voir en chair et en os nous fait redescendre de notre montgolfière vers ce qui existe vraiment et nous repose au rez-de-chaussée. Le fait de rencontrer l'autre nous ramène à nous-même, comme celui de ne pas le voir nous fait remonter vers notre monde fictif créé de toutes pièces par nos désirs, nos attentes et exigences, notre refus de voir que l'autre sera toujours totalement autre que nous.

Tu es en train de créer un monde de chimères, de fantaisies, d'irréel. Tu te prépares une chute monumentale dans la réalité que tu vas bientôt redécouvrir comme un choc. Ta déception sera égale à ton invention. Tu projetais sur l'autre ce qui était en toi — les manques, les attentes, les rêves inassouvis —, tu ne voyais pas l'autre tel qu'il était. Et pourquoi? Parce que tu ne te voyais pas toi-même telle que tu étais. Rappelle-toi encore le principe du Miroir. Ce que tu ne veux pas voir en toi, tu ne le vois pas chez l'autre. Et ce que tu ne veux pas voir en toi, ce sont tous les côtés négatifs, limités, désagréables que tu refoules pour ne voir que l'agréable, le plaisant. Tu refuses de voir la vie telle qu'elle est — ce tissu **indéchirable** d'agréable et de désagréable. Tu crois que l'objet de ton amour est une chose idéale et sans faiblesse, que tu fabriques de toutes pièces, que tu confection-

49

nes de tes mains, que tu penses posséder et
dont tu penses être possédée.

Vous ne vous reconnaissez pas tous deux
comme des êtres individuels, autonomes et
différents. C'est en effet l'amour-passion, qui
est plein de peur et de menace. On craint de
perdre ce qu'on croit aimer et par peur de perdre l'autre, on l'étouffe. Mais le fait de craindre
n'est déjà pas de l'amour et comme en chacun il
y a beaucoup de peur vis-à-vis de tout ce qu'on
ne veut pas regarder en face, on se sert de l'autre pour se rassurer, pour se masquer la réalité.
On vit un mensonge à deux.

La possessivité est une attitude de peur. C'est
parce qu'on ne se sent pas fort qu'on veut
posséder.

Tu dis enfin que tu voudrais sortir de cet amour
« impossible ». En effet, cet amour ne peut être
satisfait : tu ne peux posséder un être ou en être
possédée. C'est contre les lois de la vie et c'est
d'abord pour cela qu'il y a tant de souffrances.
Mais aussi longtemps que tu n'auras pas
reconnu cette leçon dans ton corps, tu devras
en répéter l'apprentissage.

Tu sais, je te dis tout ça, mais l'expérience que tu traverses est bonne pour toi et il faut en tirer le plus grand profit. C'est le déroulement naturel de la vie. Avec la plus grande compréhension de toi-même que te procurera cette expérience, tu pourras ensuite reconnaître l'amour-passion qui s'annoncera, et plus facilement le dépasser. Du reste, cela te rendra plus compatissante à l'égard de tous ceux qui en souffrent.

Question 7: Pourquoi certaines personnes connaissent-elles le mal de la passion et d'autres n'en ont pas besoin pour évoluer?

Cela t'aidera de voir la vie comme une course olympique. Dans les grandes courses, les candidats ne partent pas du même point sur le circuit. Ce n'est qu'à la fin que tout se clarifie. À aucun moment de la course on ne sait exactement où sont les participants, pour la simple raison qu'ils suivent chacun une piste de longueur inégale.

Un peu comme dans la vie. Chacun de nous suit une piste en partant d'un point qui nous échappe et chacun arrive à destination en son temps, selon son rythme propre. Ce qui est « avancé » pour l'un peut ne pas le paraître lorsqu'on le compare aux autres. Comparer nous fait perdre la vraie position de chacun des coureurs qui sont uniques et en cela incomparables. (En réalité, la vie n'est pas une course entre **compétiteurs** — tous sont finalement gagnants s'ils sont fidèles à leur piste.)

Ainsi, certains auront connu la passion amoureuse à d'autres moments de leurs vies. Ils pourront du reste la retrouver plus tard s'ils en ont besoin. Ce qu'ils vivent présentement est impossible à analyser: il faudrait connaître toute la brochette de leurs vies passées — tout comme la course actuelle du coureur n'est compréhensible qu'à partir de toutes les courses qui l'ont précédée.

Que certains ne connaissent pas l'amour-passion, cela peut aussi dépendre des coutumes ou des traditions. L'amour-passion inventé par les troubadours du XIe siècle n'est pas une expérience nécessairement universelle et il n'est pas essentiel à la définition de la nature humaine. Cependant, dans le contexte de notre tradition, quelqu'un qui n'a pas connu l'amour-passion ne peut comprendre les autres et se prive en même temps d'une étape fondamentale de son évolution. En somme, je ne vois pas comment on peut ici vivre pleinement son autonomie sans être passé (à un moment ou l'autre) par l'épreuve de l'emballement romantique.

Question 8 : Lorsqu'on réussit à « sortir » de soi la personne qui nous obsède, en utilisant la technique de l'arbre, sommes-nous alors épargnés pour les fois à venir, ou allons-nous encore « retomber » amoureux ?

La question renvoie à un exercice particulier que j'ai pratiqué personnellement pour me libérer d'une possessivité profonde. Il s'agissait de « sortir » de moi la personne aimée à laquelle je m'étais identifié jusqu'à y perdre même ma propre personnalité au profit de l'autre. C'était comme un étranger qui envahissait le pays et qui maintenant l'occupait.

Première chose à faire : pleurer beaucoup pour expulser de soi les vibrations de la personne ou l'énergie étrangère de l'« occupant », les larmes étant la présence qui nous quitte physiquement.

Deuxièmement, crier très fort son propre nom (celui de la personne qui fait l'exercice) au complet et à plusieurs reprises, soit dans la maison, soit dans sa voiture (de préférence quand personne ne peut nous entendre). Ceci pour affirmer son autonomie. Et enfin, trouver un arbre, l'entourer de ses bras, puis crier à nouveau son nom au complet (Jeanne) plusieurs fois pour dire ensuite : « Je suis Jeanne et toi tu es Jean, et je t'aime et tu m'aimes. » L'énergie qui quitte alors le plexus solaire (foyer des émotions) se perd dans l'arbre. Refaire aussi souvent qu'il le faut cet exercice très efficace. Après quelques répétitions, le tour est joué.

Si la peur en nous est profonde, il se peut que la douleur une fois partie, puisse un jour reprendre, si on retrouve la même peur, la même possessivité si on manque à cette loi de la vie qui dit que personne ne peut posséder ou être possédé. C'est-à-dire qu'aussi longtemps qu'on n'aura pas appris à aimer — à atteindre au moins le niveau de la tendresse — on va souffrir et faire souffrir.

Il n'est pas nécessaire de souffrir ainsi, mais notre peur, notre insécurité et notre absence d'amour pour nous-même font que la douleur, signe d'un trouble profond, surgira à la prochaine occasion. (On aura mal **aussi long-temps** qu'on n'est pas guéri, qu'on n'aura pas consenti à la loi qui défend la possession des personnes.) Ce que je veux dire, c'est que ce n'est pas par hasard qu'on « tombe » ainsi amoureux. (Au Québec, on aime beaucoup « tomber » : on tombe malade, amoureux, on tombe enceinte, de fatigue, on tombe en vacances, on tombe même mort !) Si je suis passionnement amoureux, c'est que j'ai encore besoin d'emprunter cette voie pour me libérer. C'est qu'il y a dans ce domaine quelque chose qui n'est pas encore guéri, le film n'est pas complètement déroulé — le désir ne nous a pas encore appris sa leçon.

On peut cependant apprendre à mieux aimer à travers tout cela, réduisant le prochain impact de l'amour souffrant. On peut par exemple apprendre à se placer du point de vue de l'autre, pour mieux le comprendre et moins projeter sur lui d'attentes. On peut surtout apprendre que jamais un autre ne sera comme nous, qu'il n'y aura jamais fusion, union parfaite, ou identité totale — sauf par miracle, mais que chacun de nous doit demeurer ce qu'il est et même

56

devenir davantage, unique et différent, pour être un instrument souple et libre du divin en nous. La fusion maternelle dont on rêve au début de la passion est une illusion dont on doit sortir. Cela me rappelle les nombreux sermons de curé entendus au cours des mariages. L'un d'eux disait: « Le mariage est comme deux chandelles qui deviennent une » — et il provoquait les larmes de l'assistance. Mais en fait, c'est l'inverse! On commence par être une seule flamme pour devenir ensuite et avec beaucoup de peines, deux chandelles! Au début, durant l'extase du coup de foudre, les deux partenaires sont un par fusion, tout comme le bébé dans la mère. Et petit à petit, à mesure qu'ils engendrent un vrai couple, ils deviennent deux progressivement. Ils découvrent (souvent à leur grande déception) que l'autre n'est ni parfait ni comme ils l'avaient rêvé. À mesure que l'idole s'efface derrière l'humain, ils sont devenus deux êtres limités et imparfaits, mais unis par une force plus solide et plus vraie.

Question 9: Comment faire pour décrocher d'une relation où on a aimé et qui n'est plus possible?

Commencer par être honnête et dire ce que l'on sent. Rien de plus, rien de moins. Ce qui corrompt la plupart des relations, c'est que les partenaires ne sont pas honnêtes l'un vis-à-vis de l'autre — parce qu'ils ne le sont tout d'abord pas avec eux-mêmes. Et lorsque le sentiment a changé, ils n'osent pas l'avouer, ce qui fausse immédiatement la communication. Il faudrait commencer à être honnête au moins à partir du moment où on se quitte! Ce n'est pas si terrible que cela de dire la vérité. C'est extrêmement libérant. Et ce genre de vérité ne fait pas de tort si on ne fait qu'exposer ce qu'on ressent, sans condamner l'autre. Pour qu'une relation fonctionne et fasse croître, il faut tout d'abord dire sa vérité. C'est à partir de là que tout commence.

Il se peut ainsi que ta vie commence vraiment au moment où tu quittes quelqu'un. Être fidèle à toi-même en étant vrai est plus important que demeurer avec quelqu'un. Comment être fidèle à quelqu'un, alors que l'on n'est pas fidèle à soi?

C'est là qu'il fallait commencer.

Question 10: J'aimerais que vous précisiez votre pensée à propos d'« être en amour avec l'amour » (Tristan et Iseult). Suite à plusieurs expériences j'en avais conclu que l'important était justement d'aimer, avant tout, sans choisir: aimer la vie, aimer la Beauté en l'autre et ainsi accepter ce qu'il est et accepter qu'éventuellement nos chemins se séparent...

Je parlais de l'amour-passion, développé par les troubadours qui au Moyen Âge l'appelaient l'amour courtois et qui devint l'amour romantique (c'est-à-dire de la tradition romane) — d'où sont venus le roman et la romance. Eh bien, ce genre d'amour introduisit en Occident la notion d'un choix. Avant cela, ce n'était pas l'individu qui choisissait d'épouser quelqu'un, mais la famille. On n'épousait pas par choix, donc pas par amour, mais par devoir, par fidélité à une tradition familiale. Dès que le choix devint possible, l'attrait amoureux entre deux êtres put librement s'exercer, ainsi que les intrigues, les complots pour obtenir l'objet tant désiré.

Le modèle de l'amour romantique se présenta sous les traits idéalisés de Tristan et Iseult.

Mais Tristan semblait être plus « en amour avec l'amour » qu'avec Iseult. C'est le philtre de l'amour-passion qui le rendait ainsi: la passion qui fait rêver d'une aventure dans laquelle le partenaire est idéalisé, où **la fascination se nourrit elle-même,** quittant le réel et fabriquant un univers de fantaisie entretenu par l'émotion imaginative.

Combien d'amoureux qui, sortis pantelants d'une telle aventure, se reprennent à languir après ce mal d'amour, attendant impatiemment de retomber dans la souffrance délicieuse d'être possédé et de posséder! « Être en amour avec l'amour » a donc un sens bien précis: celui de toujours désirer l'amour-passion comme une aventure éperdue qui promet mers et mondes, qui vit d'illusions et produit un douloureux choc au retour. C'est l'aventure d'Icare — sa montée exaltée suivie d'une chute exemplaire.

Mais ce dont tu parles dans ton beau texte, c'est de l'amour-tendresse, qui va bien au-delà de la passion et qui n'est pas peiné parce que des chemins se séparent. Justement, l'amour-passion ne pourrait tolérer cela.

Question 11 : Que peut attendre un partenaire avec des enfants, de sa partenaire célibataire qui a de la difficulté à s'adapter à cette nouvelle situation?

Il doit attendre ce qui vient en écoutant son cœur. Si la situation devient trop pénible pour être vécue harmonieusement, on devra commencer à se poser des questions sur cette vie de couple. On mise habituellement trop sur la cohabitation comme signe, confirmation ou preuve d'amour. La cohabitation ne garantit rien, dût-elle durer 60 ans. Toute vie seul, à deux ou à plusieurs doit être avant tout une aventure de croissance. S'il n'y a pas de croissance, il faut changer la donne. Il y a moyen de croître dans toute situation et la croissance n'exige pas de conditions particulières. Elle fait flèche de tout bois.

Question 12 : Comment vivre l'amour après un divorce?

Il faut se traiter avec grande tendresse, beaucoup de patience et de compréhension. Guérir tes blessures peut être long. Mais guérir les blessures ne veut pas dire prolonger le deuil. Il faut savoir quand cesser de malaxer le passé, surtout les culpabilités — pour reprendre le mouvement où on l'avait laissé.

Mais il est bon de regarder tout cela de plus haut et de plus loin, en se disant que plus une blessure fait mal, plus elle nous enrichit et nous transforme.

(À relire après quelque temps...)

Questions 13 : Que suggère-t-on comme lecture à deux conjoints très dominants et qui ne font aucune concession?

Ils pourraient commencer par ce livre-ci! Il y a les livres de Leo Buscaglia sur l'amour, l'ouvrage de Susan Campbell, **Changer ensemble,** et si ce sont de vrais chercheurs, ils pourront lire **La Voie du cœur** et **Pour une vie réussie** d'Arnaud Desjardins.

Mais on ne change pas l'autre. Si quelqu'un ne veut pas se regarder et s'accepter, il ne pourra même pas se changer lui-même. Et si je ne veux pas me reconnaître comme dominant, c'est que je n'ai pas encore assez souffert de l'être ou que les dominants autour de moi (mes miroirs) ne m'ont pas encore assez secoué.

Se changer, c'est s'aimer, s'accepter, se reconnaître. L'honnêteté avec soi-même est la première marque d'amour qu'on se donne. Celui qui ne veut pas se voir tel qu'il est restera toujours prisonnier de ses rôles, masques et mensonges. Il ne deviendra jamais lui-même. Et devenir soi-même c'est le changement radical.

Question 14: Comment interpréter le sentiment que je ressens lorsque mon partenaire me parle d'une situation d'ordre matériel qui le dérange et qui me laisse froide? Est-ce du désintéressement?

On se détache d'une chose lorsqu'une autre qui nous attire davantage occupe notre esprit, engage notre cœur. Si tu n'es plus intéressée à collectionner des bibelots, des meubles ou des bijoux, mais davantage sensible à la qualité de tes gestes, à ton intuition, à tes sentiments profonds, à la valeur cachée des personnes et des événements, c'est que ton intérêt s'est déplacé et tu ne pourras revenir à tes anciens attraits. Cela pourra paraître de l'indifférence, mais c'est simplement l'attraction qui a changé. Le bateau est passé dans un autre sas. Il est difficile pour un couple de poursuivre ensemble la croissance lorsqu'un des partis reste figé dans son évolution. Celui qui continue d'avancer devra se montrer patient et accepter le rythme de l'autre, sans lui en faire le moindre reproche. Et si, après quelque temps, la différence des points de vue se fait trop difficile et profonde pour vivre harmonieusement, on pourra alors poursuivre séparément son chemin.

N'oublie pas que lorsque tu étais moins avancée ou même matérialiste, tu n'aurais pas toléré qu'on te le reproche ou encore qu'on te force à changer d'attitude. Pense à cela.

Question 15 : Y a-t-il une différence entre l'amour et le respect?

As-tu jamais aimé une personne que tu ne respectais pas? Le respect, l'acceptation de l'unicité et de la différence de l'autre sont les conditions pour qu'il y ait union et compréhension. Le respect, c'est l'honnêteté dans ses rapports avec soi-même et avec l'autre. C'est ne pas nuire à l'autre et vouloir qu'il se réalise en écoutant son propre cœur, même si cela doit me contrarier.

Question 16: Pourquoi un homme que je n'admire plus, qui me trompe et en qui je n'ai plus confiance, m'est-il encore si nécessaire? Il me possède. Vais-je le laisser?

Il ne semble plus y avoir de raison de maintenir cette relation — sauf, bien sûr, si vos enfants sont encore tout petits. Mais s'ils sont déjà à l'adolescence, ils peuvent, plus facilement qu'on ne pense, supporter le traumatisme d'une séparation.

Si ton homme t'est encore « nécessaire » comme tu dis, ne serait-ce pas par son corps? Lorsqu'il n'y a plus d'attrait ou d'intérêt émotif, intellectuel ou spirituel, ce qui reste entre deux partenaires, c'est souvent le lien physique, le besoin du sexe. La relation sexuelle n'a pas réussi à développer l'amour. Et c'est par le sexe surtout que s'exercent la possession et la possessivité. On connaît l'expression: « il l'a possédée toute la nuit ». Le verbe posséder est naturellement appliqué à l'acte sexuel, car il y a une emprise semblable à une drogue qui se répand dans le corps dès qu'il y a relation sexuelle (le philtre de Tristan), cela fusionne les deux énergies vitales et elles tressent ensemble des liens karmiques. Cette liaison est purement physique et c'est justement ce sentiment que tu exprimes en disant qu'il n'y a plus rien pour la pensée et l'émotion entre vous, mais que le corps est encore « sous l'occupation » de l'autre. (Il se peut aussi que ce soit l'habitude de dépendre qui te le rend « encore nécessaire ». La peur de perdre une béquille, de faire face à la vie ?)

Tu demandes si tu vas le laisser ? Tu serais malheureuse si tu ne te libérais pas, car jamais tu n'établiras une union profonde avec cet homme.

Question 17 : Comment attirer l'homme idéal ?

Ces liens et attractions sont inscrits très loin dans ton passé, bien avant ta naissance. Celui ou ceux que tu as à rencontrer pour vivre ton destin te seront donnés en temps et lieu. Sera-ce l'homme l'idéal, que tu cherchais ? Si c'est cela qui t'est dû, oui. Sinon, tu auras autre chose, mais de toute façon, ce sera ce qui te revient, compte tenu de tes actions passées et des relations déjà établies avec certains.

Il ne faudrait pas penser que l'on choisit rationnellement son partenaire, cela se passe plus profondément en nous, dans la région du cœur. Car c'est du cœur que le plan d'ensemble a été prévu et projeté pour cette vie. Le cœur c'est le « lieu » en toi au-delà de la pensée, où se trouvent l'ordre, la paix, la compréhension et une sagesse qu'aucune réflexion mentale ne peut atteindre. N'essaie donc pas de comprendre avec ta tête comment s'établissent ces liens et attractions, mais écoute ton cœur. Il te mènera où tu dois aller et où tu te sentiras le mieux.

Question 18: Comment se fait-il qu'au cours de ma vie, je ne rencontre personne avec qui je peux avoir une relation heureuse? Je ne connais que des échecs, des relations qui n'aboutissent pas. Est-ce possible de rencontrer quelqu'un avec qui on peut cheminer sur le même palier?

Bien souvent, les échecs sont des manifestations extérieures qui confirment une attitude intérieure. Une personne qui se voit perdante au départ s'attirera des échecs. Cela est relié à l'image que tu te fais de toi-même, au degré de foi que tu as en toi. Tu peux même t'arranger pour qu'une relation échoue, si tu as inconsciemment peur de devenir intime, d'être connue de trop près et « découverte », ou simplement parce que tu te sens coupable sexuellement.

Bien sûr qu'il est possible de rencontrer quelqu'un qui sera à ton niveau. Mais encore faut-il que toi, tu te sois harmonisée, unifiée, que tu sois enfin bien avec toi, avant que tu puisses entrer pleinement dans une relation libérante. Car si tu es négative vis-à-vis de toi ou encore peu confiante, cela ne changera pas nécessairement lorsque tu auras rencontré la personne idéale.

Question 19 : Au cours de mon existence, j'ai aimé un homme marié, nous nous sommes rencontrés pendant 2 ans et demi... Je l'attendais et je lui ai demandé de faire un choix. Je ne le partageais plus. Il m'a quittée et en a repris une autre et je le regarde aller et ça me fait mal. Il a abusé de ma naïveté. Crois-tu qu'un jour il payera pour tout ça (parce que c'est un homme qui a toujours eu des maîtresses) ?

Bon... commençons par le début. Tu savais qui il était, qu'il avait des maîtresses. C'est donc que tu acceptais les conséquences de ton engagement avec lui. Ce n'est pas lui qui t'a séduite ou forcée. Et en lui demandant de se brancher, tu ne lui enlevais pas nécessairement cette habitude de courir qu'il gardait dans les coulisses... Seulement tu étais « sérieuse » dans ton exigence et tu ne t'es pas un instant mise à sa place ou imaginé comment lui prenait tout ça ? Il ne le prenait certainement pas avec le même sérieux que toi. Il a peut-être fait un

76

petit effort pour toi, mais si toutes ses amours ne sont pas plus entières que ça, pourquoi cette relation avec toi l'aurait-elle été?

Deuxième acte: il t'a quittée et ça te fait mal. Mais tu savais que cela pouvait t'arriver, non? Et c'est normal qu'avec l'attachement que tu avais pour lui, cette peine suivrait? Mais de le savoir, cela n'enlève pas le mal, bien sûr. Eh bien, te voilà au cœur de l'amour-passion, de cet amour qui fait si mal... pour engendrer un amour plus grand et plus généreux. Tu vois comme c'est difficile d'où tu es, d'aimer ton déserteur **inconditionnellement**? Tu vois comme l'amour-passion est loin de l'amour vrai?

Troisième acte: culpabilité et vengeance — «ma naïveté», «il payera». Tu dis qu'il a abusé de ta naïveté. Je pense qu'il t'a tout simplement appris une leçon qui t'était due. On n'oblige pas quelqu'un à changer, on ne rend pas quelqu'un sérieux en lui demandant tout simplement de l'être. Vous aviez tous deux à devenir plus sérieux. Il t'a trompée, oui. Mais au lieu de te tourner contre toi pour faire de l'«auto-pitié» et te culpabiliser, il vaudrait mieux tirer les leçons que la vie voulait t'enseigner. L'amour romantique nous maintient dans les passions telles que la culpabilité, « l'auto-pitié », la jalousie et la vengeance. Tu as traversé tout cela dans cette relation. Tu voudrais qu'il soit puni — comme tu veux toi-même te punir par le remords. (On fait à l'autre ce qu'on se fait à soi.) Mais n'oublie pas que l'énergie négative que tu envoies à cet homme reste dans ton aura et tout ce que tu lui veux de mal, c'est vers toi que cela reviendra. Tu lances un boomerang. Il a son destin à poursuivre, et s'il le veut, il pourra toujours récolter des leçons positives de ses méfaits, et il faut espérer qu'il le fera — pour ton bien autant que pour le sien. Oui, car tout ce que nous faisons vis-à-vis de quelqu'un auquel nous avons été reliés nous affecte autant que lui, et tout ce qu'il fait de mal de son côté (si nous sommes négatifs) nous affectera aussi, comme tout ce qu'il fera de positif nous reviendra également (si nous sommes positifs). Nous sommes tissés ensemble, hommes, femmes et enfants de ce monde, certains par des mailles plus serrées, mais le tissu universel est d'une seule venue. L'humanité ne se déchire pas.

Question 20: Peut-on aimer une seule personne? J'ai un mari qui aime une autre femme et il la voit régulièrement, tout en m'assurant qu'il m'aime (nous avons des relations sexuelles de temps à autre). Lui, ça ne le dérange pas le moins du monde. Moi, beaucoup.

La fidélité. Si on aime quelqu'un avec tout soi-même — son corps, son sexe, ses émotions, sa pensée (union d'idées), son cœur, son être profond —, peut-on vivre cette expérience avec plusieurs partenaires simultanément? Ma réponse est: non. Car l'investissement qu'exige le sexe, l'émotion et la tendresse à eux seuls est tel qu'il ne peut à toutes fins pratiques se dédoubler. Les attentions physiques demandent énormément de soin et d'application. C'est un travail de dentellière et on ne fonce pas dedans à pas d'éléphant. Il faut cultiver ces détails, les entretenir, les développer, les inventer. Tout cela exige une attention à temps plein.

Mais si l'on part du niveau le plus haut, deux personnes qui s'aimeraient d'amour inconditionnel pourraient avoir cette même relation avec plusieurs simultanément, avec tous même.

Pas de limites ici dans les relations, tout comme dans l'amour lui-même. Maintenant, si les personnes sont liées par le cœur (amour-tendresse avec plus d'attentions délicates que de sexe), on pourrait peut-être encore concevoir qu'une telle relation se multiplie. Ce serait en fait de l'amitié amoureuse.

Mais dès que nous « descendons » dans l'amour-passion, les règles changent : on trouve beaucoup plus difficile sinon impossible d'accepter un autre partenaire dans le paysage. Et pourquoi ? parce que, semble-t-il, l'amour-passion étant un amour émotif (peur, possessivité, jalousie, mêlées aux élans admiratifs), il est relié au sexe. Car on sait combien les hormones sont reliées entre elles et qu'entre celles des gonades et celles des reins, il n'y a qu'un pas. Si bien qu'en pratique, nos amours passionnelles trempent habituellement dans l'emprise sexuelle. Ce qui fait qu'il nous semble inacceptable que quelqu'un d'autre vienne partager le corps de notre partenaire.

C'est la présence du sexe qui rend la possessivité émotive si forte, c'est l'attache sexuelle qui **scelle** les corps et leur donne l'impression de faire partie de l'autre. Et cette expérience, on ne veut pas la partager. L'ego joue beaucoup ici. Le pouvoir de posséder une personne en possédant son corps renforce l'ego qui a toujours la prétention de contrôler.

C'est pourquoi, je dirais qu'aussi longtemps que l'amour est intensément sexuel, l'exclusivité va être jalousement défendue. Dès que cette phase de possessivité s'éclipse pour faire place à un amour moins physique — amitié amoureuse ou amour-tendresse —, l'exclusivité ne sera pas aussi importante. Plus on va vers l'amour spirituel — l'amour inconditionnel — plus on va élargir et multiplier ses relations, au point d'englober réellement tout le monde. (La préoccupation du sexe aura déjà été larguée, bien sûr.)

Je répondrais donc à ta première question, « peut-on aimer une seule personne? » en disant: non, on est fait pour aimer plusieurs et de fait on aime toujours plus qu'une personne à la fois mais à divers niveaux. Cependant, plus on n'aime que physiquement, plus on est rivé, fixé à l'objet de son amour, plus on est exclusif parce que possessif. En revanche, plus on aime avec son cœur au lieu de son corps seulement, moins on est exclusif. Le cœur et le sexe sont deux pôles de l'amour : plus on est dans le sexe, moins on est dans le cœur et plus on est dans le cœur, moins on est dans le sexe. Il suffit de se rappeler que lorsqu'on est dans le sexe, on n'est pas très porté à penser aux autres — aux pauvres, aux malades, aux mourants. On est en fait très égoïste. Alors que le cœur, c'est le mouvement inverse.

Question 21 : L'amitié est-elle possible entre hommes et femmes? Est-ce un piège?

J'ai donc dit que plus l'amour émerge de l'obsession sexuelle, moins il devient possessif et exclusif. La différence entre l'amour et l'amitié, c'est que l'un inclut la relation sexuelle, l'autre pas. Que se passe-t-il entre un homme et une femme lorsque, de simples amis, ils deviennent des amoureux, qu'ils l'aient planifié ou non? Jusque-là, ils étaient sans possessivité ni exclusivité, ils pouvaient laisser entrer et sortir de leur intimité ceux qu'ils voulaient, sans que cela en aucune façon ne trouble leur amitié. C'est encore plus clair entre hommes ou entre femmes : l'amitié est vraiment le niveau d'amour qui ne connaît pas la passion possessive. Jamais il n'y a de jalousie entre vrais amis, jamais la peur de perdre l'amitié, et en même temps on y est disposé à tout faire pour l'autre si jamais il est dans le malheur. Et pourquoi est-ce ainsi? Parce qu'il n'y a pas de sexe pour troubler le cœur — la solidité, la clarté et la justesse des relations. On ne donne pas facilement sa vie, on ne fait pas facilement d'actes généreux pour un amant qui nous a trompé et qui vient de nous quitter! Tel est l'égoïsme de l'amour passionnel. Et c'est la présence du sexe qui rend aussi égoïste.

C'est la même chose, quels que soient les sexes. Pourquoi certains hommes et certaines femmes ne seraient-ils pas des amis et simplement cela? On ne « tombe » pas fatalement amoureux. Cela dépend de beaucoup de choses : chimie mutuelle, solitude, peine personnelle, besoin d'affection ou simple besoin d'une relation sexuelle. Mais bien sûr que rien ne garantit a priori qu'une amitié entre un homme et une femme — surtout s'ils sont d'âge compatible — ne se muera pas en amour. Toutefois, à supposer que cette amitié devienne de l'amour, elle devra plus tard redevenir une amitié amoureuse, si jamais on veut atteindre ensemble à l'amour-tendresse.

L'amour-tendresse est comme l'automne de l'amour, les passions sont apaisées, la fascination un peu folle aussi, l'emballement, l'excitation et tout ce qui relevait de la fièvre de l'imagination beaucoup plus que de la réalité.

Il y avait beaucoup de mensonge et d'illusion là-dedans. Alors que dans l'amour-tendresse, on s'est découvert enfin tel qu'on était, on est plus attentif à l'autre, on l'entoure davantage de soins et de délicatesses. Les attentions pour l'autre remplacent les jeux de domination mutuelle (le chat et la souris) qui sont l'habituel apanage de l'amour passionnel. La complicité est plus fine. L'humour prend une très grande place alors que dans la passion on est souvent bien sérieux et intense. (Et sans humour il n'est pas d'amour vrai.) Une solidité en même tant qu'une légèreté remplacent les drames d'autrefois. Mais la ferveur y est encore. Seulement, elle a changé de couleur.

Question 22: Sommes-nous condamnés à perdre l'expérience sexuelle à mesure que nous devenons spirituels?

Tu n'es condamné à rien. Mais ton corps change à chaque instant. Il y a des choses que tu faisais autrefois — sauter haut, courir vite, lever de grands poids, manger, boire et baiser à l'excès — qui seront progressivement exclues. En revanche, il y a des réalisations que tu ne pouvais atteindre et que tu réussiras enfin: tu comprendras le sens de toutes les étapes passées, la valeur de tes souffrances et épreuves, tu verras davantage l'ensemble du monde et comprendras mieux ses lois, tu pourras te situer à un plan plus élevé pour saisir les mécanismes du karma et du destin, tu verras mieux la mort, et surtout, tu comprendras mieux les autres humains en qui tu te reconnaîtras enfin. À mesure que tu t'universaliseras, que tu te sentiras uni à tous les êtres de la nature, tu perdras la nécessité de vouloir posséder, tu perdras la peur qui te plongeait dans l'insécurité et poussait à contrôler, tu danseras avec les choses et célébreras la vie

88

telle qu'elle est, sans regret, sans amertume, sans attache. Ce qui rend pleinement humain, ce n'est pas le pouvoir d'être le plus grand performant sexuel, c'est d'avoir traversé toutes les expériences mais sans rester pris dans aucune d'elles, devenant progressivement tout le monde, toute la nature, comprenant ainsi tout cela de l'intérieur, par les tripes, par l'instinct, l'émotion, le cœur. Ce qui nous humanise le plus, c'est d'être plein de cet amour inconditionnel qui est le sentiment de Dieu. (En réalité, Dieu est un sentiment, un **feeling,** « un peu » comme celui que l'on connaît dans un amour humain comblé.)

Dès qu'on s'arrête sur un chemin de l'amour quel qu'il soit, on est paralysé. Pour tout comprendre, il faut tout vivre comme un apprentissage et une découverte qui n'arrêtent pas. Celui qui ne fait que répéter le passé (ne serait-ce que le plaisir connu qu'on cherche à retrouver) n'est plus dans la mouvance créatrice de la vie où rien ne se reproduit deux fois de la même façon.

La croissance nous fait abandonner beaucoup de choses, mais ce n'est pas pour nous priver, c'est pour nous garder ouverts et disponibles. Légers comme le danseur. Pour être de moins en moins identifiés aux formes, aux apparences, et de plus en plus à la Vie qui, de l'intérieur, fait vibrer ces myriades de choses.

Laisse-moi maintenant reprendre tout cela autrement. Dans la tradition ésotérique venue de l'Inde, on voit l'être humain comme une turbine énergétique qui capte les vibrations très subtiles de l'univers et les transforme en énergies de moins en moins subtiles, jusqu'au niveau le plus physique. Ces transformateurs, au nombre de sept, sont appelés **chakras** (roues). Ils reçoivent l'énergie subtile et la distribuent aux glandes majeures, aux centres nerveux et aux organes. Mais à cause de leurs liens avec les hormones, ils servent de véhicules aux émotions. Si bien que les troubles émotifs brouilleront les chakras et ainsi le corps tout entier en sera touché. Car il ne faut pas oublier que les sept chakras ne fonctionnent bien que lorsqu'ils sont équilibrés entre eux, et qu'un chakra trop nourri, trop entretenu, comme lorsqu'on est trop obsédé par le sexe, prive d'énergie tous les autres.

Les sept transformateurs sont situés aux endroits suivants :

— sommet du crâne (couronne)
  — glande pinéale
— front (troisième œil)
  — hypothalamus-pituitaire
— gorge (ganglion cervical)
  — thyroïde
— cœur (plexus cordial)
  — thymus
— solaire (plexus solaire)
  — surrénales
— sacral (complexe génito-urinaire)
  — gonades
— racine (coccyx)
  — surrénales internes

Les trois du bas sont le lieu des énergies radicales, terrestres, branchées. Le premier (la racine) assure des instincts de survivance — le besoin de nourriture, l'instinct de fuite ou de combat pour défendre la vie. Le deuxième, c'est le lieu de l'énergie subtile de la fonction sexuelle, comprenant l'émotion sensuelle et la sexualité propre. Le troisième se réfère à

91

l'énergie subtile du pouvoir personnel, avec toutes ses oppositions et frustrations. Ces trois premiers chakras sont ce que les anciens appellent le champ de l'ego: l'argent (sécurité — le dieu Mamon de l'évangile est le symbole de la sécurité), le sexe, le pouvoir.

La deuxième série comprend la gorge, le front et le sommet du crâne, mais pour y accéder, il faut passer par le cœur. Le cœur est le quatrième chakra. Il fait le pont entre le « haut » et le « bas ». Comme le dit l'éminent médecin Richard Gerber, auteur de l'ouvrage génial **Vibrational Medecine**: « Le centre du cœur est un chakra de transition, servant de médiateur entre les énergies terrestres inférieures et les énergies spirituelles plus élevées. » Or, le « bas » a toujours été associé, comme je l'ai dit, à l'ego, à la conscience inférieure, et à cause de cela, au mal.

Mais le pouvoir, le sexe ou l'instinct de défense ne sont pas mauvais comme tels (rien comme tel ne l'est). Ils le sont parce que ou dans la mesure où justement ils sont séparés des trois du haut. En somme, ce que je veux dire, c'est que l'amour est ce qui relie le haut et le bas, tout

92

comme la couleur verte est ce qui, au milieu du spectre lumineux, constitue la couleur harmonisante et guérisseuse — qui est justement la couleur du cœur.

Si le cœur est ce qui relie ensemble le haut et le bas, l'absence de cœur ou d'amour coupera le bas du haut, le bas tombant sous la domination de l'ego et se changeant ainsi en négatif. Mais je le répète, ce n'est pas le bas en soi qui est négatif, **c'est le fait qu'il soit séparé du reste,** c'est-à-dire qu'il soit sans amour.

En effet, le cœur est le centre subtil où l'amour commence et s'achève: on y trouve l'amour-passion de même que l'amour inconditionnel. Tout ce qui relie se trouve dans le cœur et passe par celui-ci. Le blocage du chakra du cœur empêchera donc l'amour unificateur de se réaliser, de s'épanouir, de s'universaliser. Mais en même temps, il déclenchera une faiblesse immunitaire, une incapacité de se défendre contre les virus et les poisons du stress. Ainsi, l'absence d'amour de soi, de même que la tristesse, la solitude, le deuil, la dépression, l'incapacité de se sentir aimé ou le refus d'aimer pourront inviter des troubles tels que l'infarctus, la thrombose coronarienne, l'asthme, le diabète et les maladies du thymus. Le mauvais fonctionnement de cette glande entraîne à son tour toutes sortes de maladies reliées aux infections virales.

Le chakra du cœur s'ouvre dès que l'amour émotif (passionnel) sème la capacité de s'épanouir jusqu'à un amour inconditionnel. Et cet amour sans condition est le lieu de la conscience supérieure, divine et cosmique. Le cœur subtil devient ainsi le transformateur central, le lieu principal de la transformation des émotions qui passent ainsi du négatif au positif, de l'égoïsme à la compassion complète, de la conscience étriquée à la conscience cosmique.

Ainsi passe-t-on de la terre au ciel, comme on l'imaginait dans les anciennes cosmogonies. « Que ta volonté soit faite sur la terre comme au ciel », dit-on au Père absolu qui crée, comprend, harmonise et énergise ce monde d'apparences qui nous séduit et nous retient. Le passage de la terre (le monde des attaches possessives) au ciel, se fait par le Cœur (subtil), par l'amour. C'est là que la volonté de l'ego (la terre) se mue en volonté divine (le ciel) qui se manifeste constamment dans les chakras du haut.

Alors le flot d'énergie qui inonde le Cœur parcourt comme un courant électrique tous les chakras, tous les niveaux de conscience, tous les centres de connaissance. (C'est comme dans le songe de Jacob, où les anges — les messagers du ciel — descendaient et remontaient l'échelle entre ciel et terre.)

Le pouvoir, la sexualité et la sécurité matérielle sont purifiés par l'amour, ils peuvent enfin s'exercer dans la joie et l'harmonie de l'ensemble et contribuent enfin à son épanouissement complet. La relation sexuelle à ce niveau est une communion avec l'univers, depuis les amibes jusqu'aux étoiles.

Question 23 : Quel est le sens du sida d'après vous, est-ce une malédiction divine?

J'ai placé cette question immédiatement après ma digression sur les chakras parce qu'elle est très reliée à ce que j'ai dit. Tu te souviens que j'ai parlé d'un manque d'harmonie du corps lorsqu'un chakra était trop accentué aux dépens des autres. Lorsqu'il n'y a pas d'amour vrai entre les personnes, leurs relations sexuelles (surtout si on change souvent de partenaire) concentrent trop d'énergie sur le centre gonadal et pas assez sur les autres fonctions.

Dans les débuts de la maladie du sida aux USA, il y avait évidemment une corrélation étroite entre le mode de vie des gays et leur incapacité de se défendre contre certaines infections. Les gays, tout comme les couples hétérosexuels engagés dans la course aux plaisirs, ne pratiquent pas toujours l'amour vrai et sont souvent préoccupés par le corps. Ceci, ajouté au fait que les gays n'aiment pas leur corps et leur sexe, ne croient pas pouvoir être aimés comme ils le voudraient, et surtout au fait qu'ils sont persécutés par des groupes d'opinion très influents tels que les religions réactionnaires, joue contre eux et contribue grandement à les affaiblir sur le plan immunitaire. Ils en deviennent incapables de se défendre.

J'ai déjà fait remarquer combien le cœur est relié au système immunitaire par le thymus, entre autres. Eh bien, dans le cas du sida, le manque d'amour (qui est la fonction centrale de l'être) affaiblit tout le système de défense par le biais du sexe qui est devenu un chakra complètement déséquilibré.

Mais le sida, s'il manifeste chez les individus (hommes, femmes et enfants) qui entretiennent (ou dans le cas des enfants, ont entretenu dans une autre vie) des manques profonds dans le domaine de l'amour, peut, comme toute situation tragique, éveiller beaucoup d'amour-compassion chez ceux qui ont gardé leur cœur ouvert. C'est en effet la population gay qui, par le truchement du sida, a éveillé l'humanité au besoin urgent (d'une urgence identique à l'urgence écologique) d'amour vrai, de compassion universelle, de dépassement des préjugés.

(Les grandes chansons telles que « Quand les hommes vivront d'amour » sont touchantes, mais elles ne font pas passer à l'action, il faut des malheurs pour faire cela.) Tu vas dire : « Oui, mais c'est par la maladie qu'ils ont fait ça et ils ont entraîné tout le monde dans leur mal. » Non pas. C'est tout le monde, je dis bien tout le monde, qui manquait sérieusement de tolérance et de respect, ce n'était pas une caractéristique gay.

Deuxièmement, si c'est par la maladie seule que l'humanité doit s'éveiller, alors la maladie sera l'instrument nécessaire de cet éveil — comme souvent chez un individu la maladie change sa vie et sa vision, depuis l'alcoolique jusqu'au cancéreux.

On voit aux États-Unis, au Canada, au Québec ainsi qu'en Europe, des groupes qui s'occupent des malades du sida et qui par cette ouverture et cette générosité, éveillent la race humaine tout entière au fait qu'elle est et doit vivre comme une seule famille souffrante, tout comme on a vu la terre entière accourir en Arménie pour s'occuper des sinistrés. Les grands cataclysmes et les souffrances qu'ils entraînent secouent les humains et leur rappellent leurs racines identiques. Quand le vent secoue l'arbre, toutes les racines résistent comme un seul homme.

Tel est le message principal du sida et de tous les désastres écologiques qui viennent seulement de se déclencher : « Hommes, femmes et enfants de la terre, rappelez-vous que vous formez une seule famille, dont la terre est le premier membre — la mère — et que seul l'amour que vous aurez les uns pour les autres — un amour de compassion physique, d'aide concrète et de tendresse attentive — guérira à la fois la planète et l'humanité. Car les deux n'en font qu'un. Vous avez le privilège de guérir d'un seul coup les deux et ce sont les « malheurs » qui vous le fournissent. »

Quant à la « punition divine », ceux qui brandissent ces arguments sont eux-mêmes des foyers de colère et de haine. Ils devront sérieusement examiner leur cœur s'ils veulent s'épargner les malheurs qu'ils souhaitent (inconsciemment) aux autres. Car s'ils projettent ainsi un dieu de vengeance, c'est que leur cœur en est rempli et que leur dieu, c'est en réalité la vengeance. Ces arguments d'apocalypse millénariste révèlent uniquement l'attitude de ces bourreaux, ils ne révèlent rien de Dieu.

La divine tendresse sait qu'il n'y a pas de punition venant de l'univers ou de son créateur, c'est-à-dire de l'extérieur de soi. Jamais le divin ne condamne. Et les événements que nous jugeons être des signes de « sa colère » ne sont que le déroulement naturel de nos désordres entraînant toujours un désordre similaire dans la nature ainsi que dans nos corps. Mais comme l'être humain est transi de culpabilité, de ce moralisme qui divise tout en blanc et noir comme dans un film de cowboys, il ne peut voir l'univers qu'en termes de punition et de récompense. Or, cette culpabilité, nous en avons déjà parlé: c'est le manque d'amour de soi qui fait qu'on se condamne et qu'on projette sur l'extérieur cette condamnation qui nous ronge. Lorsque chacun se sera regardé comme il faut, sans s'en vouloir, sans s'excuser non plus, mais en avouant ses fautes, honnêtement et sans sentimentalisme, il comprendra que la race humaine a une capacité infinie de bonté et de compréhension devant la souffrance, que ce n'est que la peur et son enfant, la culpabilité, qui empêchent cet atome d'énergie illimitée qu'est le cœur d'éclater comme un soleil.

Question 24: Aujourd'hui, faut-il être encore fidèle en amour?

Fidélité, exclusivité. J'ai parlé plus haut de l'exclusivité qui est comme un droit, un acquis revendiqué par la prise sexuelle que l'on a sur le corps de l'autre. On ne veut pas que le partenaire donne son corps à un tiers (bien que pour soi-même on ne soit pas toujours aussi sévère!). Mais la fidélité se situe à un autre niveau que celui de l'exclusivité. Au début de l'amour, durant la phase sexuelle, c'est l'exclusivité qui domine — la prise jalouse. Dans l'amour plus mûr, plus évolué, c'est la fidélité. La fidélité est l'attitude qui est typique de l'amitié. En amitié, c'est le critère et la condition d'une relation vraie, de la vérité du lien. Et dès que l'amour atteint le niveau de l'amitié amoureuse — l'amour-tendresse — la fidélité est généralement acquise. L'exclusivité qui est plus physique est dépassée. La fidélité est la capacité d'être vrai vis-à-vis de quelqu'un, de conserver à son égard la même attitude, quoi qu'il arrive. Elle est basée sur la fidélité pratiquée envers soi-même. Chez des personnes qui s'aiment d'amour tendre et non plus passionnel, une séparation ne changera pas leurs attitudes mutuelles profondes. Et ni la cohabitation ni la séparation n'altéreront cette solidité ancrée dans le cœur. C'est comme l'amitié réelle que les conditions extérieures ne détériorent pas. C'est une relation basée sur ce qu'il y a de plus solide dans l'être humain.

L'exclusivité, c'est une exigence, une réclamation née de la peur de perdre et que l'on ne retrouve plus dans la fidélité. Ainsi, lorsque les amoureux passionnels se séparent, ils se déchirent et se détruisent. Mais lorsqu'ils seront parvenus individuellement ou ensemble à la tendresse, il n'y aura pas ce déchirement, mais une entente, une acceptation, la compréhension que chacun peut poursuivre son chemin — sans attendre pour cela les cheveux blancs : l'accès à l'amour-tendresse n'est pas affaire d'âge mais de conscience, de maturité de cœur.

En d'autres mots, il importe peu de vivre ou de ne pas vivre **avec** une personne qu'on aime réellement. L'amour qu'on a pour elle n'est pas affecté par le fait de vivre séparément, bien qu'il puisse l'être par la cohabitation qui étouffe souvent les conjoints en n'assurant pas à chacun d'eux un espace suffisant et des temps libres, ou même encore, des absences. Une relation doit respirer et pour respirer, il doit y avoir variété, passage d'un état à l'autre, avec beaucoup de petites vacances et de petits congés où chacun se retrouve seul.

Je pense qu'en ce qui regarde la fidélité, on s'est beaucoup tourmenté pour rien. Il s'agit d'être fidèle à soi-même tout d'abord. Ne pas agir pour faire plaisir aux autres ou en obtenir un bienfait, mais agir uniquement par goût, en écoutant son cœur, son intuition. Et continuer de faire cela jusqu'à ce que ça devienne une habitude, que ça devienne sa vie. En conséquence, on ne pourra être vraiment infidèle à personne — bien qu'on puisse ne pas toujours faire plaisir, puisqu'on agira selon son goût plutôt qu'en vue de plaire.

On a trop souvent pensé que l'infidélité en mariage (le cocu, la maîtresse) était la mort de cette institution. Ce qu'il faudrait plutôt dire, c'est que le mariage donne souvent le coup de grâce ou paralyse l'amour et que ce n'est pas tellement le mariage qu'il fallait louer ou sauver, mais l'amour, la capacité de vraiment aimer quelqu'un de tout son être. Cela pouvait se faire dans le cadre du mariage bien sûr, mais c'était rarement réussi, parce que, tout d'abord, l'amour ne vit pas de règles ou de contrats. Très souvent le mariage a tué l'amour. C'étaient les enfants qui tenaient le couple uni, ce n'était pas nécessairement l'amour. Mais la personne qui quitte une relation, continuera à développer l'amour puisque c'est sa capacité d'aimer vraiment qui en fait une personne totalement, non sa capacité de cohabiter avec quelqu'un. La cohabitation peut n'être qu'une étape de la vie, alors que l'amour, c'est la vie même: il doit croître sans arrêt.

Question 25: On dit cependant dans la Bible: « Ce que Dieu a uni, que l'homme ne le sépare point. » Qu'en pensez-vous?»

Dans le Nouveau Testament (et non dans la Bible, livre appartenant aux Juifs, mais que les chrétiens se sont approprié comme tant d'autres choses), on trouve en effet ces paroles prononcées, dit-on, par Jésus. Je suis d'accord avec elles à condition de s'entendre sur « ce que Dieu a uni ».

Quand deux êtres pourraient-ils être unis « par Dieu »? par cet Esprit universel, inconnaissable par la pensée, sans corps, plein de douceur, de force, de créativité, d'intelligence et rayonnant de partout, qui habite pleinement au cœur de chacun? Quand est-ce que Cela unit deux êtres? Lorsque ces deux êtres vivent consciemment en Cela. La plupart des hommes et des femmes se sont unis pour d'autres raisons: besoin sexuel, besoin d'être possédé (on serait surpris du nombre de personnes qui l'avouent), solitude, illusion de retrouver un paradis de plaisir, peur de rester vieille fille ou

106

vieux garçon, besoin d'argent (le parti est riche), renommée de la famille, etc. Mais à peu près jamais on n'aura affaire à deux êtres sans possessivité, sans esprit de domination qui « laissent comme Dieu tomber la pluie sur les bons comme sur les méchants », des êtres de paix, écologiquement conscients, fidèles à eux-mêmes et en continuelle croissance. Ce que je décris là, c'est l'étoffe de l'amour-tendresse, bien sûr.

Mais être en Dieu ne veut pas dire être asexué. Le sexe y est présent, mais n'obsède pas, il n'est pas le ciment premier qui relie les deux êtres, il joue un rôle de soutien, un rôle complémentaire. Il a passé son rôle premier au Cœur. Cependant, toutes les énergies restent vives en eux et tout exprime l'amour généreux plutôt que la possessivité, c'est-à-dire que même leur sexe est une expression de don et non plus une recherche égoïste inspirée par la peur. Ce n'est que lorsqu'on n'a plus peur de perdre la personne aimée qu'elle nous reste pour toujours, même s'il y a séparation. Et c'est alors que l'homme ne peut séparer « ce que Dieu a uni ». Curieusement, Susan

Campbell, après son enquête auprès des couples **durables,** conclut dans son livre **Changer ensemble,** que « la plupart de ces couples ont un objectif spirituel commun ». Et faut-il le dire, cette conscience spirituelle n'arrive qu'après les autres étapes franchies. Elle est en réalité un aboutissement des aventures amoureuses. Et comme elle en est l'épanouissement, la sexualité est devenue une fête, un jeu, une célébration d'enfant, une communion avec tout l'univers.

Question 26: Est-il possible, avec la même personne, de passer de la passion à la tendresse?

Oui, j'en ai fait moi-même l'expérience. Très souvent, ce passage s'effectuera avec une autre personne que celle qu'on aime passionnément (comme je l'ai déjà dit dans la question n° 1). C'est une autre étape qui peut du reste être franchie après plusieurs essais d'amour passionnel avec autant de personnes différentes. Eh bien oui, j'étais follement amoureux de quelqu'un qui n'était pas passionnément attiré par moi mais qui avait pour moi beaucoup de tendresse. J'ai été très brisé quand j'ai dû reconnaître que cette femme n'avait pas la passion qui me brûlait, j'en étais démoli et je croyais voir s'écrouler ma vie. (Cette situation est très commune en amour où rarement les amants s'aiment avec la même intensité.) Mais avec le temps, alors que son attitude à mon égard resta stable, petit à petit mon attrait physique se mua en grande tendresse. Cela ne prit que deux ans et ne s'est pas démenti depuis. Par conséquent, je sais maintenant que le passage de la passion à la tendresse est possible avec la même personne.

111

Question 27: Concrètement, dans la vie de tous les jours, comment vivre une domination?

Depuis un certain temps, l'homme et la femme ont exacerbé leurs oppositions. On appelle cela la guerre des sexes, dont on a vu l'escalade avec le mouvement du féminisme militant et qui a suscité une réplique chez les hommes. Et, comme en Occident le monde des affaires, de l'argent et des pouvoirs est, somme toute, aux mains des mâles, il y a toujours récrimination, hostilité et agressivité entre les deux.

Mais ils ne sont pas deux et toute cette « guerre des sexes » est basée sur une fausse idée de l'être humain. On oppose les deux sexes, alors qu'ils sont complémentaires non seulement l'un vis-à-vis de l'autre, mais à l'intérieur du même individu. Chaque homme doit avoir, selon Jung, deux cinquièmes de féminin, et chaque femme, deux cinquièmes de masculin, simplement pour fonctionner de façon équilibrée. Voir l'autre sexe comme son ennemi, c'est de la guerre civile. Il faudra, comme dans toute tentative de paix, que chaque partenaire regarde ce qui **en lui** empêche l'entente entre ce qu'il considère comme deux ennemis.

Mais c'est tout d'abord le côté féminin de l'être qui doit être découvert, raffermi, épanoui. Tout simplement parce qu'il a été oublié et méprisé. L'être humain est présentement déséquilibré (surtout en Occident) par une trop forte dose de « yang » aux dépens du « yin ». Toutes les valeurs véhiculées par la science, l'exploration géographique, l'impérialisme, n'ont développé et valorisé, à toutes fins pratiques, que le pouvoir dominateur et ses instruments (la raison, le calcul analytique et leurs cololaires, l'insensibilité aux valeurs yin telles que la réceptivité, la compréhension, la compassion, l'intuition, la spontanéité, l'admiration, la joie et surtout, la conscience du divin). Or, cette campagne de domination et de pouvoir a créé des abîmes entre dominants et dominés, c'est-à-dire, entre riches et pauvres, entre P.D.G. et employés, entre hommes et femmes, entre les clergés et leurs ouailles. Si bien que la conception qu'on se fait de l'être humain est cancéreuse.

113

La réalité est que l'humain fonctionne tout d'abord à partir de son cœur plutôt que de son cerveau. Ceux qui mettent le cerveau (la connaissance rationnelle) en première place sont justement des exemples de cette vision fausse et étriquée. La tête, la raison, doivent se soumettre au cœur et non l'inverse. Or, la tête unie aux émotions est le siège de l'ego, de cette conviction que c'est **moi** qui mène, qui suis au contrôle et que j'aurai ce que je veux. Cet ego est né de la peur — de mourir, de n'avoir aucune certitude sur l'au-delà, de souffrir, d'être abandonné, de perdre ses pouvoirs, ses admirateurs et ses biens. Cette peur en nous, c'est radicalement la peur que ressent l'enfant lorsqu'il est coupé de sa mère, c'est le sentiment d'être coupé de notre source, d'être voué au néant, d'être seul.

Mais il y a une autre dimension en nous qui est située dans la région du Cœur. Là se trouvent la confiance, la fidélité, l'amour-compassion, la sécurité intérieure — la certitude que l'univers ne peut me manquer ou me trahir parce que son dieu est en moi. Ce sont là des attributs plutôt féminins, si on les compare aux autres qui sont nettement plus dominateurs et inspirés par la peur. (Mais attention: ne pas confondre féminin avec femme, ou masculin avec homme — ce sont des principes, des prédispositions, des attitudes de l'être même qui, lui, n'a pas de genre.)

Mais alors que les habitudes de l'ego se développent spontanément par les besoins naturels, les habitudes du moi supérieur ne se développent qu'avec de l'attention, de la persévérance, de travail et de la conviction. Il faut vouloir de tout son être rentrer en contact avec sa source, avec son Cœur, il faut s'accepter, se pardonner, se changer, se renverser comme un gant. Cela demande du courage.

Je te dis que ce n'est que dans la mesure où l'être humain dépassera ses urgences et dépendances sexuelles, ses culpabilités, ses préjugés, ses intolérances, largement inspirés par sa religion, qu'il pourra atteindre en lui et autour de lui une conscience de la race humaine comme famille unique, et qu'il pourra développer de la compassion pour ses semblables, ce qui est présentement le trait féminin le plus en défaut.

Le complexe dominant/dominé est un monde révolu, dans ce sens qu'il n'a produit ni paix, ni bonheur, ni abondance, puisqu'il crée automatiquement des pauvres, des révoltés, des dépendants. Il faut renverser cette vision, cette habitude, faire éclater ce blocage. Servir le Moi supérieur en nous, la Comparaison, le Cœur. Que la raison humaine se fasse enfin la servante du Cœur de la famille humaine.

C'est à ce niveau-là qu'il faut considérer les choses.

Dans le concret de ta vie, si tu n'as pas écouté ton cœur, si tu n'a pas misé sur ton intuition, si tu n'as pas appris à te pardonner et à t'aimer, et ainsi à comprendre les autres qui vivent substantiellement les mêmes épreuves que toi, tu vas vivre dans le modèle du dominant/dominé — cherchant obscurément à dominer (si tu es dominante) ou au contraire à être dominée (si tu veux être menée ou possédée).

C'est justement dans la vie de tous les jours que tu devras te rendre compte de ce que tu n'aimes pas en toi et auquel tu t'opposes, de ce qui te rend agressive à ce qui ressemble à toi chez les

116

autres — pour devenir sensible uniquement à ce qui chez l'autre (et donc en toi) est positif, grand et beau. Tu dois devenir autonome, auto-suffisante et contente d'être toi-même. Dans la mesure où tu seras heureuse en toi-même, tu ne te laisseras plus dominer, puisque toi-même tu ne chercheras plus à dominer. Tu seras enfin libérée de la guerre des sexes, en toi et dans tes relations.

Les Hindous représentent souvent les principes de vie sous la forme d'une sculpture verticale (le **lingam,** sexe mâle) s'appuyant sur un socle ressemblant à une soucoupe stylisée (le **yoni,** sexe femelle). À première vue, cela semble évoquer la compénétration des sexes, l'union sexuelle. Mais ce n'est pas ce que les Hindous y voient. Leur interprétation est que le masculin sort toujours du féminin : ce qui est raison, calcul, analyse, pouvoir, domination doit céder à ce qui est réceptif, compatissant, intuitif et créatif, puisque c'est ceci qui est premier et que c'est dans la mesure où le féminin prédomine qu'il y a sagesse. Du reste, si l'on regarde le fœtus humain, le sexe y apparaît tout d'abord comme un vagin (plus les tétines

117

sur la poitrine) et si l'entité doit être un mâle, le vagin se transforme alors en pénis — mais les vestiges que sont les tétines demeurent. La mère en nous est première — on en sort et on y retourne.

Question 28 : Sur le thème masculin/féminin, j'aimerais mieux comprendre l'homosexualité?

J'en ai déjà parlé dans d'autres écrits. Je me répète ici en quelques mots. L'individu, de zéro à cinq ans n'a pas de pulsions sexuelles mais seulement des attractions émotives. Chacun vient sur terre avec une certaine dose d'hormones mâles (testorérones) ou femelles (estrogènes), et c'est de cinq ans à la puberté que l'aiguillage sexuel se dessine et se fixe, inconsciemment bien sûr. La tendance dépendra à la fois de la relation avec les parents et de la sensibilité de l'enfant. Si un garçon, par exemple, sent que sa mère est trop dure, insensible, il sera révolté par l'absence de féminin, qu'il suppléera en lui-même inconsciemment en se donnant de l'estrogène. Si, de plus, le père n'est pas très doux mais plutôt grognon, l'enfant va être tellement contre qu'il développera encore de l'estrogène, au point même d'avoir une démarche féminine. Si, en revanche, la fille est repoussée par l'absence de nerf chez son père, elle développera, en réaction, de la testostérone, et si sa mère est également molle et sans caractère, elle développera, toujours par réaction négative, de la testostérone, au point d'avoir l'air d'une « butch ».

Or, cette situation est le résultat d'une **adaptation.** Il n'y a rien à y faire et toute personne de même sensibilité placée dans pareille situation aurait réagi de la même façon. Ce n'est pas comme cette homosexualité occasionnelle due à un contexte de prison ou de collège. (Certains peuvent aussi avoir été abusés très tôt par leur père ou un parent; cette homosexualité due à l'inceste produit des traumatismes profonds comme dans le cas du viol et doit être traitée de la même façon.) Mais l'homosexualité du premier genre n'est pas un acte de volonté et ce n'est donc pas un acte de volonté consciente qui peut la changer. Cependant, il n'y a pas tellement longtemps, on poussait les gays à épouser des femmes, croyant que leur « maladie », l'homosexualité, finirait par s'en aller d'elle-même!

Un des éléments clés de cette adaptation à une situation affective particulière, c'est la sensibilité de l'enfant. Car il peut y avoir dans une famille un seul enfant homophile alors que tous les autres qui ont vécu avec les mêmes parents, sont pourtant hétéro.

La moralité n'entre pas en ligne de compte ici. Il n'est pas plus moral d'être hétéro que gay. La moralité, comme nous le verrons plus loin, dépend de catégories arbitraires du bien et du mal et il suffit qu'une majorité désapprouve un acte ou un comportement pour qu'ils deviennent mauvais. Est-ce plus « normal » d'être hétéro que gay ? Cela dépend de l'autorité qui établit la norme. Comme c'est habituellement le groupe majoritaire, on sait à quoi s'en tenir, puisque la majorité d'une société est conservatrice, attaché à ses habitudes, lente à se changer et peureuse devant l'inhabituel. Ce qui ne la rend pas pour autant plus « normale » ou enviable.

Le fait que l'homosexualité soit le résultat d'une adaptation en fait une chose naturelle. Ce qui est naturel, c'est ce qui se trouve tel quel, donné par la nature. Or, toutes les créatures, toutes les personnes sont telles qu'elles sont, c'est-à-dire différentes et uniques. Dans un groupe de femmes, chacune va préférer un

121

genre d'homme particulier ; et les hommes non plus ne s'entendront pas sur les femmes qui les attirent. C'est qu'il y a **autant de sexes qu'il y a d'humains.** Et cela est naturel (c'est-à-dire normal) — c'est la vie, la nature qui le veut ainsi.

On peut arguer que deux hommes ou deux femmes ne peuvent pas avoir d'enfants, parce que les organes du corps demandent deux sexes. Voilà pour l'évidence — ou l'apparence. Mais ton amour doit tendre vers le cœur, puisque c'est là que se trouve l'amour et les homophiles aussi doivent parcourir ce chemin. Bien sûr qu'il y a des extrêmes — des femmes ou hommes qui ne sont attirés que par leurs contraires et d'autres qui ne sont attirés que par ceux de leur sexe. Mais entre ces pôles extrêmes, il y a des nuances infinies. Et la plupart des gens ont, ne serait-ce qu'une faible attirance, pour ceux de leur propre sexe. Seulement, sous la pression d'une certaine majorité, ils refuseront de le reconnaître.

C'est comme les attirances gastronomiques — domaine où comme le veut le dicton, « on ne discute pas des goûts ». Mais c'est également ainsi dans tous les autres domaines — les voyages, la musique, les arts, les techniques d'éveil, les émissions de télé, l'affinité intellectuelle, l'attirance émotive.

Question 29 : Est-ce que je peux vi-vre avec mon ami lors même que nous ne sommes pas mariés ?

Me poser cette question indique déjà que tu en doutes. En te répondant oui ou non, je déciderais à ta place. Mieux vaut que je te situe le problème dans un plus large contexte, pour te permettre de prendre toi-même position.

Au point de départ, bien sûr, tout dépend de ce que t'auront appris la religion et l'éducation. On t'aura peut-être dit que cela ne se faisait pas. Mais avec le temps, tu t'es demandée au nom de quoi on affirmait de telles choses. Tu as donc vérifié le bien-fondé de cette affirmation en allant directement aux actes. Tu te seras peut-être sentie coupable. Mais en revanche, tu as pris le taureau par les cornes et tu as expulsé cette culpabilité qui t'empêchait de poser des actes responsables.

Tu te rends déjà compte que ce n'est qu'en faisant, en expérimentant, que l'on apprend les leçons qui nous restent. Ce qui s'apprend seulement par la tête ou par l'obéissance aveugle ne colle pas, ne résiste pas, aussi long-

124

temps que ce n'est pas confronté à la vie réelle, à ta vie. Nous allons donc examiner certains présupposés et préjugés qui t'empêchent d'être autonome, d'assumer les leçons de ta vie.

Disons, au point de départ, que personne d'autre que toi ne peut décider de ce qui est pour toi bon ou mauvais. Ce qui est bien et mal dans la société est décidé par le jugement arbitraire des clergés, du clergé judiciaire et du clergé ecclésiastique, qui du reste agissent souvent de connivence. Les mass médias — un autre clergé — y mettent bien leur petit mot, mais ils ne sont souvent que le porte-parole des autorités ou de la majorité qui tend à les approuver.

Or ces jugements moraux sont des décisions arbitraires. Je vais t'en donner des exemples. Il y a certains actes que nous sentons au fond de nous-mêmes comme tout à fait contraires à notre conscience parce que contraires aux lois de la vie, tels que les meurtres par exemple. Ces actes ne peuvent devenir positifs par un simple rite ou un tour de main, bien que les coutumes des pays (inspirées des religions) rendent certains meurtres légitimes, lorsqu'il s'agit par exemple de se défendre contre un injuste agresseur (ou ce qui est défini comme tel). On plie alors la loi à ses besoins. Exemple : une bénédiction épiscopale (comme cela s'est fait par le Cardinal Spellman à la dernière guerre) pour « bonifier » les meurtres qu'allaient perpétrer des milliers de soldats. (On connaît la même pratique en Iran.) Un simple rite, et voilà que tout cela devient bon. Il y a aussi des actes qui ne sont pas ressentis comme contraires à la conscience, mais que des décisions arbitraires de l'Église peuvent déclarer mauvais. Exemple : la viande du vendredi, jadis défendue sous peine de péché mortel. (On trouve de semblables exemples chez les Juifs et les Islamiques — le sabbat, l'alcool.) Mais personne, dans son bon sens, ne reconnaîtrait cet acte comme engageant la conscience, et on a fait avaler ça tout rond aux catholiques pendant des siècles !

Enfin, dans le domaine qui nous intéresse, le fait de poser un acte sexuel avec quelqu'un qui n'est pas marié mais consentant, n'est pas un acte que la conscience libre ressent de prime

126

abord comme nécessairement mauvais. (Cela dépend du degré de peur ou de culpabilité entretenu par sa religion.) Il y a aussi la masturbation, qui fut longtemps déclarée péché mortel, au même titre que tout autre acte sexuel en dehors du mariage. Le jugement de l'Église — qui a fortement influencé les cours judiciaires — a cependant déclaré mauvais ce qu'un grand nombre de races, de peuples et de civilisations n'ont jamais condamné ni même considéré comme relevant de la morale.

Ce que je tente de dire ici c'est que la conception du bien et du mal change avec le vent du besoin. On ne respecte pas les directives de la conscience, pas plus que les commandements de Dieu (qui défend absolument de tuer), on plie la conscience aux caprices du magistrat. Les Églises plus que toute autre institution, plus encore que tout individu qu'elles condamnent d'agir ainsi, ont tenu cette conduite tout au long de leur histoire. Pourquoi alors faudrait-il les croire? Un jour prochain, elles déclareront valide ce qu'elles ont condamné et condamneront ce qu'elles avaient naguère approuvé.

Un acte comme la relation sexuelle est considéré mauvais par l'Église avant qu'elle ne le bonifie par un rite, le mariage. On passe arbitrairement du défendu au permis, alors que c'est toujours **le même acte** avant ou après. (Autrefois, toucher l'hostie était un sacrilège, aujourd'hui tout communiant la touche. C'est le même acte, puisque toucher avec sa langue ou avec sa main, c'est toujours toucher.) Est-ce que l'amour entre amants serait ainsi défendu la veille et permis après ? Et quelle partie de l'amour : un toucher ? un regard lascif, un baiser ? (La danse était péché mortel dans ma jeunesse !) Comme si l'acte sexuel se séparait de l'ensemble d'un élan d'amour, comme s'il était **une chose en soi !**

Voilà où mène la croyance infantile aux tabous, aux rites et aux clergés. L'Église pourrait aussi bien, sous peine de péché mortel, défendre aux banques de prêter de l'argent à intérêt. Tu peux rire : cela était la pratique jusqu'au seizième siècle ! Quand l'arbitraire règne, c'est l'abus.

Or, ces jeunes qui connaissent l'amour hors mariage sont souvent engagés dans une rela-

128

tion profonde. Ils veulent croître en amour, réaliser un bonheur. « Mais cet accouplement hors mariage, diras-tu, n'est-ce pas la porte ouverte à tous les abus? » Tu veux sans doute parler d'abus sexuels — échanges de couples, infidélités, etc.? Mais que penses-tu que font les gens mariés? As-tu vu « Le Déclin de l'Empire américain »? Je peux te dire qu'après des années de sacerdoce et des centaines de rencontres avec des couples, que les abus que tu crains se trouvent plus dans le mariage qu'en dehors.

Je trouve au contraire que ces expériences de vie à deux comme apprentissage mutuel de l'amour sont essentielles pour atteindre une plus grande maturation, avant de s'engager dans la fondation d'une famille. Et si la tentation est grande d'être infidèle (parce qu'il n'y a pas de garde-fou) ou de rompre dès que ça fait mal, ce sont des obstacles et des épreuves qui trempent les caractères, et tôt ou tard, à la suite de profondes souffrances, on pourra retrouver l'équilibre.

Ceux qui veulent construire une vie à deux et la maintenir vivante, devront « accorder chaque jour leur violon», ce qu'un contrat de mariage n'oblige pas à faire, hélas. Pour le grand nombre d'époux qui n'avaient pas la maturité voulue pour «entrer en mariage», le contrat est devenu une béquille extérieure — la charpente n'est pas en eux mais en dehors, comme chez les invertébrés.

« Oui, mais le fait de ne pas avoir d'enfants ne rend-il pas irresponsable l'amour libre hors mariage? » À première vue, si. On serait tenté de considérer l'union hors-mariage comme fuyant cette responsabilité. Mais il y a peut-être du bon à ne pas avoir d'enfants tout de suite: après tout, le but de la vie n'est pas de réussir un couple mais de réussir à aimer et dans ce contexte, le but du couple n'est pas tout d'abord de produire des enfants mais de vivre un amour, d'apprendre à aimer. Les enfants peuvent en être le produit mais ce n'est pas prérequis et ce n'est même pas une garantie. Si tu dis que c'est essentiel pour créer un bon couple, comment alors expliquer tant de divorces chez des couples avec enfants?

Je pense qu'il faudrait plutôt que chacun des partenaires engagés dans l'aventure amoureuse apprenne tout d'abord à s'aimer lui-même. Et à travers l'autre, tous deux pourraient, avant d'avoir des enfants, apprendre également à sortir d'eux-mêmes, à manifester leur affection, à vivre l'amour-passion (qui est un amour « adolescent »). La femme apprendrait à l'homme à reconnaître son propre féminin et l'homme ferait l'inverse chez la femme. Je n'encouragerais pas à avoir des enfants avant que les personnes impliquées n'aient appris (avec le partenaire actuel ou après la connaissance de partenaires différents) à s'aimer comme il faut et surtout à **se libérer de toute culpabilité.** Je verrais ces expériences comme autant d'étapes évolutives vers l'âge adulte, qui serait l'état naturel du parent.

Je disais que l'amour-passion est « adolescent » et pas mûr pour assumer la responsabilité d'élever des enfants. C'est qu'il y a selon moi une différence profonde entre l'aventure amoureuse et la fonction parentale. Dans l'Inde classique, cette distinction est clairement indiquée par les quatre étapes de la vie (appelées ashram). La première est consacrée à l'étude, la deuxième au plaisir, où toutes les formes de plaisir doivent être explorées. Lorsque cela est fait, on se tourne vers la responsabilité (fondation d'une famille), pour enfin se consacrer à la recherche du Moi supérieur dans un monastère ou en forêt. Mais ce qui est le plus éclairant pour nous, c'est qu'en passant de l'étape du plaisir à celle de la responsabilité, **les amants deviennent des parents, ils ne sont plus tournés l'un vers l'autre mais vers les enfants. Ils doivent avoir satisfait suffisamment leurs besoins d'amants pour passer à l'autre étape. En d'autres mots, ils doivent passer de l'adolescence à l'âge adulte.** Arnaud Desjardins présente semblablement les objectifs des quatre étapes de la vie : **enfant** — moi ; **adolescent** — moi et les autres ; **adulte** — les autres et moi ; **sage** — les autres.

Je crois que l'amour passe par trois (ou quatre) phases principales, comme la vie. L'enfance, c'est le temps de la fusion heureuse avec le monde de la mère, avec la terre, avec les entités de l'au-delà, avec les vies antérieures, avec toute la fête de la vie. C'est l'enthousiasme de la découverte. Une grande fascination, une grande exaltation. C'est le oui au monde, le oui que la vie prononce par nous. Première phase.

Puis vient la phase du non, du rejet, de la déception, de l'échec, de la violence et du mal. Mais aussi, le temps de la découverte de l'autre, de la différence, l'apprentissage de l'autonomie et de la liberté individuelle. C'est l'adolescence, qui se prolonge souvent au-delà de ses limites prévues.

Et si l'on progresse constamment en assimilant bien ses leçons, on débouche sur la troisième phase, où on intègre les deux premières, le oui malgré le non — mais pas sans le non. La crédulité malgré l'incrédulité, la confiance malgré la méfiance, l'amour malgré la peur — mais pas sans la traversée des deux premières.

Or dans l'apprentissage de l'amour, le mouvement est semblable: le coup de foudre, la déception, puis l'amour mûr ou adulte, si on a le courage de s'y rendre. En réalité, l'amour-passion qui cumule à la fois le sexuel et l'émotif, est la phase infantile-adolescente de l'amour. Et c'est cette double phase qu'il faudrait régler avant d'entreprendre la troisième, autrement on passera sa vie de parent à régler les problèmes non résolus des phases précédentes — sur le dos des enfants.

En quittant le monde de nos propres parents, nous ne sommes pas automatiquement devenus adultes. Nous avons longtemps cherché à retrouver le monde protégé et ouaté du nid parental. Nous avons même perçu nos partenaires comme des parents. Il y a en nous beaucoup d'habitudes, de matrices, de conditionnements infantiles et de dépendance que souvent nous tâchons de maintenir, sinon de renforcer, au lieu de les abolir. Je dirais qu'**aussi longtemps qu'on est polarisé par le sexe et la passion, on n'a pas encore atteint la responsabilité, l'autonomie, la maturité de l'adulte. Et, par conséquent, on n'est pas mûr pour élever des enfants,** n'ayant pas fait soi-même sa propre éducation, c'est-à-dire (comme l'indique le mot éducation), ne s'étant pas soi-même sorti de ses attitudes infantiles et adolescentes. La nature nous donne la capacité physique d'engendrer (spermes, ovules) bien avant que nous ayons la capacité d'en assumer la responsabilité. Car la maturité comprend bien plus que le physique.

Je serais donc en faveur de l'expérience de l'amour chez les jeunes adolescents. Qu'ils en aient des expériences avant de vouloir et de pouvoir élever une famille. Ils pourraient les commencer — comme ils le font actuellement, du reste — dès les douze ans, si bien qu'arrivés à 25-30 ans, ils seraient capables d'assumer des responsabilités éducatives, puisqu'ils auraient normalement débouché sur l'amour-tendresse qui est la phase de l'amour qui permet enfin de se tourner vers les autres sans domination ni possessivité.

Il serait sot de croire que parce qu'une majorité condamne une action, celle-ci ne sera pas posée. On a connu l'exemple de la Prohibition de l'alcool, mais on refuse d'en apprendre la leçon. Il faudrait du reste appliquer cette expérience à toute drogue. Le jour où on sera libre de se procurer toutes les drogues au comptoir, brevetées et contrôlées, et non plus frelatées et dégradées comme elles le sont dans les ruelles, on commencera à comprendre que la vraie éducation, la vraie liberté, la vraie maturité ne s'acquièrent que par le choix et la capacité de se tromper. Après tout, les fusils sont en vente chez les armuriers et bien que les fusils soient **toujours** utilisés à des fins destructrices, alors que les drogues peuvent aussi guérir, **on laisse la population se procurer librement ces instruments de mort.**

Ainsi, les jeunes pratiquent librement le sexe (ou la drogue) et ce n'est pas en les leur défendant qu'on va y changer quoi que ce soit. Car ceux qui en veulent en trouveront toujours. Il faut, je pense, considérer la situation comme un fait et partir de là pour en faire un instrument d'éducation, de prise en charge de soi-même, un instrument de croissance. Tout comme on fait avec l'alcool que chacun peut se procurer sans qu'on fasse contrôle de son usage. On accepte d'avance le risque de l'alcoolisme. (On sent que les autorités ne sont pas honnêtes en ce domaine. Les drogues auxquelles elles sont attachées leur enlève l'objectivité.)

Donc, pour revenir à ta question, « peut-on vivre avec un ami lors même qu'on n'est pas marié», je dirais tout d'abord: aimez-vous, écoutez votre cœur. Fais un choix entre ta conscience et les autorités. Peut-être qu'on arrivera un jour à une vraie démocratie, à un vrai respect de l'autonomie individuelle, au point que les couples s'uniront comme ils l'entendent et auront des enfants de ces unions, qui seront les uns et les autres légitimes, puisqu'il n'y aura plus de mariage mais seulement de l'amour. Le mariage est un vestige des temps où on imposait croyances et coutumes au nom de principes déclarés suprêmes. Que le besoin de fidélité soit ressenti au cœur de chacun, je le reconnais, mais que ce soit celui d'une fidélité qui vient de l'amour et non d'un contrat, d'une coutume ou d'une croyance.

Durant cet âge de conscience que nous sommes à la veille d'intégrer, chacun sera assez adulte pour assumer cette fidélité sans avoir besoin d'autre garde-fou que son propre cœur.

Question 30: Doit-on laisser toute liberté à nos enfants?

La liberté s'acquiert, elle n'est pas héréditaire. Et c'est tout d'abord aux parents à se libérer de leurs propres culpabilités, préjugés et peurs, avant de pouvoir être en quelque façon une aide pour leurs enfants. Si le parent apprend à se débarrasser de ses peurs, s'ouvrant ainsi à un amour de compassion, il libérera les énergies d'amour chez son enfant. Il n'aura même pas à se poser de questions sur les contrôles à pratiquer ou sur les permissions à accorder. Cela se fera tout seul par l'instruction du Cœur. Car c'est le Cœur qui est le vrai, le seul éducateur. Et c'est lui qui libère tout l'être, le faisant passer de la peur à l'amour.

Le mental, en revanche, fait du dressage. Il se vante et s'inquiète de la performance et de la discipline de ses sujets. Mais dès que les garde-fous sont enlevés, le fou est relâché. La sagesse n'aura pas été éveillée, seulement l'obéissance aveugle qui fait exécuter les grands crimes tout en dégustant le beau phrasé d'un Mozart.

Je dirais donc: ne t'inquiète pas de formuler des règles ou d'établir des contrôles, veille simplement à rester à l'écoute de ton cœur. Il t'apprendra comment, dans le cas concret que tu as devant les yeux, il faudra respecter l'unicité de l'enfant, son besoin particulier de discipline et de liberté, d'ordre et de fantaisie.

Question 31 : Pourriez-vous nous donner un conseil sur la meilleure attitude à prendre pour former et accompagner nos enfants ?

Sois avant tout fidèle à toi-même. Ne te mens pas et tu ne mentiras pas à tes enfants (la première condition pour qu'il y ait confiance). Tâche d'être toi-même devant eux : capable de pleurer, d'être faible ou défaite et toujours prête à avouer franchement tes torts. Tout cela, tu l'auras noté, est affaire de cœur, non de tête. La vérité est tout d'abord une reconnaissance joyeuse et simple de ce que l'on est. Et cela la tête ne peut le faire.

Cette attitude de base te permettra d'être un avec ce que vit ton enfant, parce que tu seras un avec ce que tu vis. Tu comprendras ainsi que l'éducation c'est comme l'amour — ça se fait toujours à deux : ce que tu fais à toi, tu le fais à l'autre et réciproquement. Nous revoilà revenus au principe du Miroir. Car l'enfant aussi t'éduque : il te fait constamment sortir de ton passé, de tes fixations, de tes préjugés. Il te ramène à

140

ce qui reste jeune et neuf en toi. Il te maintient en croissance.

Ce n'est pas ce que tu dis ou défends, c'est ce que tu es devant tes enfants, qui leur demeure pour toujours. Et c'est surtout depuis qu'il est fœtus jusqu'à l'âge de sept ans, que les grandes empreintes se fixent chez lui. Ce sont les empreintes d'**attitudes,** surtout d'attitudes du cœur.

Question 32 : Tu ne sembles pas donner beaucoup de valeur à la famille, à l'amour parental?

La famille est un nid qu'on doit quitter. On ne vit pas en fonction tout d'abord de ses parents, de même que les parents ne vivent pas uniquement en fonction de leurs enfants. C'est ce que je rappelais en distinguant entre l'amour des amants et la fonction parentale. Les personnes qui ont engendré des enfants continuent leur parcours et leur croissance. **Ils ne sont plus des parents lorsque les enfants deviennent adultes** : ils reprennent leur rôle de chercheurs, de pèlerins, d'individus en croissance ou de couples en transformation. L'aventure amoureuse est ce lien qui sous-tend toute la vie et dont la fondation d'une famille ne serait qu'un épisode.

Plusieurs craignent de vraiment quitter leurs parents. Ils cherchent ceux-ci dans toutes les figures d'autorités, même dans leurs partenaires. Mais on ne peut reculer, on est toujours projeté hors d'un passé qu'on voudrait choyer, encadrer, perpétuer. Le rôle des parents est de donner aux enfants ce qu'il leur faut pour que ceux-ci restent fidèles à eux-mêmes, pour qu'ils croient en eux-mêmes, pour qu'ils s'aventurent sans crainte, bâtissent leur vie et forgent leur voie.

Leur geste le plus important consiste à pousser les enfants hors du nid. Car les parents aussi ont à poursuivre leur croissance en laissant aller ce qui est fini, pour entreprendre une autre étape d'évolution. Les enfants n'appartiennent pas aux parents, mais à la Vie. S'il y a tant de possessivité chez les parents, c'est qu'ils sont souvent encore pris dans l'amour-passion et qu'ils n'ont pas atteint l'amour-tendresse qui leur permettrait de vraiment éduquer leurs enfants. En étant dans l'amour-tendresse, ils laisseraient partir leurs enfants.

Il faut aussi dire que les enfants d'aujourd'hui vivent davantage parmi leurs pairs qu'à travers les liens de famille. C'est ainsi que lors d'un divorce, les enfants peuvent mieux et plus vite qu'on ne pense, retomber « sur leurs pattes », puisque leur vie est plus centrée sur leurs camarades que sur leurs parents. (Cela, beaucoup de parents ont de la peine à l'accepter.)

Mais il faut monter plus haut pour replacer tout cela dans son cadre réel. Avant d'intégrer son corps, l'enfant a choisi ses parents. Non pas au moyen de sa raison mais au niveau de son cœur, c'est-à-dire dans la sagesse profonde et universelle de son être. La divine sagesse dans l'entité a choisi, avec le consentement de celle-ci, son rôle, son évolution, ses épreuves et ses leçons, puisque ce programme est dressé avec sa permission et qu'il est accepté avant la descente. Cette sagesse intérieure a donc choisi la religion et l'éducation, la situation économique ainsi que les conflits qui opposeront l'enfant aux parents et qu'il n'avait pas encore réglés. Il a donc également accepté le milieu où un divorce pourrait avoir lieu.

Ainsi peut-on dire que les enfants ne naissent pas innocents. Ils sont grevés d'un passé et d'un programme à réaliser. Mais si au début ils ont l'air innocent et si adorable, c'est que leur dépendance totale attire notre pitié et notre tendresse. Mais en fait, l'entité qui est complètement présente est paralysée par cette forme. Le corps, instrument de la conscience, n'est pas développé, il ne peut articuler les subtilités de l'esprit, étant donné que lui manquent encore la coordination des muscles, la parole, la capacité de se tenir debout et de marcher, qu'il n'a pas l'usage de sa raison et de son sexe.

Lorsque tout sera déballé, déplié et développé, ce qui était contenu sera devenu évident. Et ce qui se verra alors, c'est qu'il y avait chez l'enfant telle tendance, tels défauts, telles qualités, tels dons et telles faiblesses. Ce n'est pas parce qu'on ne voit qu'une semence, que l'arbre n'y est pas déjà.

Une entité peut naître pour diverses raisons et pour une durée de vie variable. Ainsi verra-t-on un enfant mourir très tôt, de faim, de maladie ou d'un « accident ». Tout cela fait partie d'un ensemble bien orchestré. (Il n'y a jamais d'accident ou de hasard, comme nous le verrons dans un prochain mini-livre de cette série.) Il lui fallait ce petit bout de vie terrestre pour achever telle leçon et c'est pourquoi il quitte si tôt.

Ces explications, je le sais, peuvent en étonner plusieurs. Je sais aussi que ceux qui ont perdu un enfant n'en seront pas consolés. Mais ils comprendront plus tard, au cours de leurs expériences et de leurs réflexions. Tout ce que j'ai dit ici et plus haut sur la pratique sexuelle des adolescents, n'est pas dit avec la conviction de pouvoir changer la société actuelle, mais tout d'abord, pour que l'on comprenne qu'il y a d'autres options que celles présentées par la tradition, qu'il y a d'autres façons de voir la vie et qu'elles pourraient sûrement changer la conscience des humains peureux et figés que nous sommes.

Question 33 : S'aimer soi-même, n'est-ce pas de l'égoïsme?

Quand on n'a pas confiance en soi, qu'on ne voit que le négatif, qu'on se sent coupable, on ne s'aime pas. Et que fait-on alors? On tâche de s'attirer des compliments, de l'approbation, de l'admiration, on les achète même, croyant que cela va compenser pour l'amour qu'on ne se donne pas. Mais les compliments ne nous soutiennent pas, ils ne nous convainquent pas, ils ne changent pas notre cœur.

Chercher à provoquer des compliments, c'est de l'égoïsme, puisqu'on ramène tout vers soi, qu'on concentre sur soi l'attention des autres, qu'on s'entoure de belles choses pour se convaincre que l'on est valable. Mais rien de tout cela ne subsiste. Tu vois, c'est lorsqu'on ne s'aime pas qu'on est égoïste, que l'on tire vers soi ce qui vient d'ailleurs et qu'on n'a pas le cœur de se donner à soi-même. Quand tu te seras pardonné, que tu t'aimeras tel que tu es, tu cesseras de te regarder. Tu pourras t'oublier: ton cas sera enfin réglé.

Question 34 : Définissez pour moi l'âme-sœur?

Ce n'est pas l'homme idéal ou la femme de rêve que tu espères rencontrer. C'est autre chose. Chacun de nous fait partie d'une série d'existences qui sont reliées à une entité initiale. Lorsque celle-ci sort du créateur, elle peut se multiplier, se décupler comme un œuf ou une cellule qui se subdivise. Toutes ces entités font alors partie d'un seul ensemble. Or, nous pouvons avoir plusieurs de ces entités vivant simultanément leur vie sur cette terre (ou ailleurs). Si nous rencontrons l'une d'elles, nous y retrouverons notre image. Ce sera l'âme-sœur.

* * * * * * * * * * * *

À un moment donné, après de longues et grandes épreuves, après de nombreuses et fécondes vies, on s'aperçoit que la vie est surtout dans l'invisible. Ce que nous en laissons paraître est comme la frange d'une robe. Nous appartenons à une famille d'êtres circulant entre terre et ciel, qui nous entourent, nous chérissent, nous protègent et nous instruisent. Il y a communication constante, conversation con-

150

tinuelle, les rapports ne cessent pas avec ceux que nous avons connus et aimés. Il y a communion innombrable et affairée, comme un tissage dans les deux sens. Pas de séparation, pas de mort, pas d'abandon. Jamais nous ne quitterons cet univers.

Mais ici-bas, nous ne pouvons voir qu'à travers de la chair et la matière nous tient captive dans son épaisseur et son opacité. Il faut parfois même fermer les yeux pour simplement voir la mer, le soleil ou les grands espaces. Mais c'est alors que le cœur s'allume et reconnaît son monde — la grande famille humaine.

Mélodrame

Le monde, comme le disait le sage Shakespeare, est en effet un grand théâtre où les hommes, les femmes et les enfants ne sont que des acteurs. C'est-à-dire que la Vie comme ensemble comprend plusieurs petites vies qui sont les incarnations successives de chacun.

Les rôles de nos vies sont vraiment ceux d'un acteur au point que lorsqu'on voit quelqu'un mourir, **il n'est pas plus mort que s'il était dans une pièce de théâtre.** Il ne fait que semblant de mourir. (On peut le voir causer dans les coulisses.) Et quand il entre en colère ou qu'un couple se déchire, ça ne porte pas plus à conséquence que sur une scène. Seulement, on le croit et on persiste à vivre comme si c'était vrai, on vit le drame comme s'il était réel. On est mêlé au mélodrame. On se laisse prendre par le jeu des acteurs et la mise en scène. On croit à la réalité du décor.

Et si un jour on se réveillait, reconnaissant que les rôles que nous jouons ne sont que des rôles, que ce n'est pas nous que vise cette distribution au programme, que nous ne sommes pas nos

152

rôles? Si en rentrant chez moi le soir, je découvrais devant mon miroir que je ne suis pas le professeur, l'infirmière, le père, la mère ou l'enfant dont je jouais tour à tour les rôles à travers mes jours ou mes vies, qu'arriverait-il?

La pièce cesserait et tous les acteurs rigoleraient ensemble devant la bonne plaisanterie qu'ils se sont jouée. Nous serions libres, libres de ne plus jouer. Mais libres aussi de jouer. De continuer la pièce en sachant très bien, cette fois-ci, que tout cela est du théâtre, avec les clins d'œil, les complicités et les jolis vilains tours que prennent plaisir à se jouer des acteurs chevronnés. (Après tout, ce n'est pas la première fois que nous jouons ensemble, que nous vivons cette vie.) Nous serions dans un jeu, un ballet, une danse continuelle. Une représentation permanente où chacun serait à la fois les acteurs, les producteurs et l'auditoire. Et à la fin, on s'applaudirait chaudement comme après un grand triomphe.

Mais, bien sûr, n'allez pas croire un mot de ce que je vous dis. Je ne faisais que plaisanter. Que cela ne vous empêche surtout pas de croire au téléroman qui se joue actuellement!

L'auteur reçoit chez lui pour des consultations privées.

Il est également disposé à donner des conférences ainsi que des séminaires d'une journée ou d'un week-end à des groupes qui le désirent.

S'adresser au 2503 rue Sheppard, Montréal, Qué., H2K 3L3. Tél.: (514) 596-1819